JN086583

英語
リスニング試験
"完全攻略"
ストラテジー

和泉有香(JOY) 横山カズ

共著

IBC
パブリッシング

もくじ

Part 2 和泉有香（Joy）による
リスニングトレーニング　実践編

装幀	斉藤 啓（ブッダプロダクション）
本文デザイン・DTP	コント ヨコ
イラスト	よしだ ゆうこ (P. 107)
ナレーション	ケイティ・アドラー（共通テスト、センター試験以外）
録音スタジオ	株式会社 巧芸創作（共通テスト、センター試験以外）

※本書では、平成29、30年度に実施された「大学入学共通テスト」試行調査と
　大学入試センター試験の問題から一部を使用しています。

Part 1

同時通訳者　横山カズによる

リスニング
トレーニング
基礎編

基礎編のはじめに

一番効果的な方法で、
一番有効な優先順位で、
一番応用の利くパターンを使用し、
結果を出す。

　共通テストのリスニングの配点は、実に **50%** に及びます。

　大学受験生、社会人を問わず、**リスニングの弱点の傾向は、母語が日本語である限り、全員に共通**しています。

　今は同時通訳が生業の私にしても、例外ではありませんでした。むしろリスニングは最大の弱点だった時代があります。要するに、この本を手に取って下さったあなたときっと同じ境遇です。

　リスニング試験においても各大学で合格点が存在するとはいえ、試験を受けるのであれば、**「満点」**を狙うべきです。

　本書は共通テストのリスニング試験で、最も効率的な優先順位で、ポイントを押さえたリスニング向上のトレーニングができるようになっています。すなわち、本書に取り組めば、**「何万人というライバル全員に一気に差をつける」**事になります。

　英語の発音は深く追求すればきりがありませんが、「確実に聞き取る」事をゴールと設定した場合、そのハードルは大きく下がります。「表記にカタカナを使うなんて！」という批判に耳を貸す必要は一切ありません。

　受験生には時間が限られています。そしてこの方法なら、過去の私や私の生徒さんたちと同じように、英語が「聞こえる耳」が手に入るのです。発音の道をさらに究めたいと思ったのであれば、大学に合格してからでも

十二分に間に合いますから！

　この本の練習によって、確実に英語が聞こえる耳が手に入れば、リスニング試験は**「非常に簡単なリーディング問題」**を解くのと同じになります。

　なぜなら、出題者は**「読んでわからないものが、聴いてわかるはずがない」**と考えて、リスニングの語いや内容、構文のレベルは大きく落としてくれているからです。

　例えば、単語の最後にある

[~t]　[~p]　[~k]　[~b]　[~d]　[~g]　[~th]　[~v]

の音が省略されず、きちんと発音されている場合、それはこちらのリスニング力が低いので手加減されていると思った方が良いでしょう。

　それくらいのプライドをもってトレーニングと試験に臨みましょう。

　自分が発することができる音のパターンは確実に聞きとれ、その**パターンの数は決まって**います。言い換えれば、既にこの時点でリスニング試験の60％は「カンニング」が可能なのです！

◆「実際に役立った」方法論で練習を ◆

　英語の発音を細かく徹底的に追及すると、きりがないものですが、リスニング試験で高得点を得るためにやるべきことは実は限られています。

「限られた時間で必ず勝てる音声の極限の優先順位」
「リスニングの決め手は発音力にある」
「聞き取るための優先順位」

　これらの要素を短期間で充足してしまいましょう。毎日の勉強の前後の**儀式**としてやるのも良いと思います。

◆ 受験生には時間がない！ ◆

　その事実を十分に把握し、この本の内容と構成は設計してあります。大切なのはキレイ事の理想論ではなく、**リスニング試験で勝つこと。**

　共通テストでは、リスニングの配点が、従来の4倍の100点に急増！ 読み上げ速度も上がり、1回読みが半分以上です。

　大学受験を控えた皆様は英語のリスニング以外にもやるべきことがたくさんあると思います。英語の音声をすべてを網羅する時間の余裕はないと思います。ならばやることはおのずと決まってくるものです。

　聞こえるため、聞き取るためにやるべきことは限られている。それだけを徹底する！

　本書のトレーニングでまずは「耳の性能」をフルチューンし、また機能語を確実にキャッチして英文の骨格を捕捉しましょう！

　その後の章の問題演習と、その解説をフルに生かし、相乗効果を得ることができます。

　結果は点数だけではなく、

　「うわっ！　本当に聞き取れる！」

という体感と歓喜によって現れることでしょう。

Know the vital points.

Eventually the spark comes!

横山カズ

「魔法のカタカナ」発音について

この音声表記は付属の音声CDとの併用で
最大の効果を発揮するようにできています！

◆ **黒太字**部分は高く、強調して発音されるところです。「見て掴みやすいこと」「不要な子音をはさまないこと」を目標としているので、音節とは異なっています。

◆ 語末や文末などのカッコ内に表記されたり、**オレンジ色**になっている小文字 [~t] [~p] [~k] [~b] [~d] [~g] [~th] [~v] などは、**「口の形は作るけれど、発音はしない」**ようにしてください。これができるかどうかが、なめらかな音読、発話と聞き取り能力の向上の非常に大切な要素となります。

◆ the、that、they など、TH つづりの有声音は、便宜上ダ行の音で表記してあります。これは経験的に最初にダ行の音で代用すると、TH の有声音としてそのまま代用でき、また TH の音声の習得の第一歩としても有効な方法だからです。実際に TH の有声音を発音するときは、ダ行の音をそのまま発音するのではなく、舌の先を上下の前歯ではさんだ状態でダ行のつもりで発音するようにしてください。

◆ / f / もカタカナにできないので、そのままアルファベットの表記にしてあります。前歯を下くちびるの内側に付けたまま、息だけ出せば / f / の音が出ます。音声をしっかり聞いてマネしてください。

◆ / v / と母音の組み合わせの音は / ヴ / の文字で表記してあります。前歯を下くちびるの内側に付けたままの状態で声を出せば / v / が出ます。音声をしっかり聞いてマネしてください。

◆ / l / と / r / もカタカナにできないのでそのままの表記としてあります。舌 を前歯の裏にしっかり付けて「オ」または「ウ」と言うと / l / に、口の中のどこにも舌を付けずに「ウ」と言うと / r / が出ます。音声をしっかり聞いてマネしてください。なお文中に L や R がなく、かつラ行に聞こえる場合は、例えば but l を「バラィ」と表記しています。

◆ 語末の (~z)の音は、実際にはほとんどの場合 (~s) の音に変化するので、その場合は (~s) と表記しています。

コンテンツ

◆ 短期間でリスニング力を向上させる法則とは？ ◆

　私は英語を国内で独学しました。いまでこそ同時通訳や英語のスピーキングの講師等の仕事も行っていますが、独学の過程で最も習得に苦しんだスキルは「リスニング」でした。

　当時は時間ができるとすぐに英語の音源を聞く習慣をつけていました。単語も頑張って暗記しましたし、時間を作って何時間も連続で英語を聞いていた時期もあります。（今振り返れば、怖ろしいほどたくさんの時間を無駄にしていました……！）

　しかし、私のリスニングは悲しいほど伸びず、途方にくれたものです。また、高校時代に出会ったとある先生は「若いんだからとにかくたくさん英語を聞いていれば、リスニングは伸びるから」と私に言いましたが、それは結果的に無意味なアドバイスでした。その先生自身がリスニングが苦手だったので、「若ければなんとかなるだろう」くらいにしか考えていなかったに違いありません。

　繰り返しになりますが、私は文字通り、**何百時間という膨大な時間をリスニング学習の名のもとに無駄にしてしまった**のです。当時は、短期間でリスニング力を向上させるための**2つの法則**を知らなかったのです。あの時にその方法を知ってさえいれば、皆が苦手なリスニングで周りに差をつけ、抜きんでた存在になれたのに、と思うこともあります。なので、皆さんが私の代わりになって、共通テストなどの大学入試、英検などの英語の資格試験で結果を勝ち取って頂きたいと思います。当時を振り返って、「こうすればよかった！」と私が思っている事をすべてお伝えします。

ポイント1

聞き取りにくい単語はシンプルで数が決まっている

◆「60%」はカンニングできる！

　英語の実際の運用においては、中学校で学んだ簡単な単語（冠詞、前置詞、助動詞、基本動詞など）が実に約「60パーセント」も占めています。

　この統計は英語の書き言葉についてのものなので、スピーキングにおいては60パーセントどころではなく、70〜80パーセントを超えてくることは容易に想像ができます。

　これは私の同時通訳の経験的に言ってもそうです。まずは、ざっとでよいので以下の単語のリストを見てください。

◆驚くべき事実

実際の英語の運用で使われる単語

使われる単語数	単語
10語に1語（10%）	the、and
5語に1語（20%）	the、and、of、to、I
4語に1語（25%）	the、and、of、to、I、a、in、that、you、for
3語に1語（33%）	the、and、of、to、I、a、in、that、you、for、it、was、is、will、as、have、not
2語に1語（50%）	上記の全ての単語の他に、以下が加わります。 be、your、at、we、on、he、by、but、my、this、his、which、dear、from、are、all、me、so、one、if、they、had、has、very、were、been、would、she、or、there、her、an、when、time

日常表現の60パーセントをカバーする単語

さらに次の48語が加わると、日常表現の60パーセント（スピーキングではそれ以上）をすでにカバーしてしまいます。

go、some、any、can、what、send、out、them、him、more、about、no、please、week、night、their、other、up、our、good、say、could、who、may、letter、make、write、thing、think、should、truly、now、its、two、take、thank、do、after、than、sir、last、house、just、over、then、work、day、here

引用元：『英語通訳の勘どころ』（小林 薫著、丸善ライブラリー）の The Thousand Commonest Words Arranged in the Descending Order of Their Frequency

「話の流れ」を確実につかみたいなら、上記の表に挙げられている単語を冷静にキャッチすればいいのです。

英語の実際の運用においては、中学1年生のときに主に学んだ「忘れたくても忘れられない」レベルの簡単な単語が、実に約60％以上も占めています。

これらの単語を確実にキャッチできるようになることがリスニング力向上への最短距離となるのです。

◆ 難しく長い単語は実はとても聞き取りやすい！

このことを言い換えれば、意味が難しく、スペルの長い「難単語」は簡単に聞き取れるということです。たとえば、it、at、the、of、have のような簡単で短い単語の方が、important、similarly、extraordinary のような意味が難しくスペルの長い単語よりもずっと聞き取りが難しいのです。

それゆえに「"キーワード"を拾って類推する」というリスニング戦略だけでは根本的に無理があります。「難しい単語（キーワード）はけっこう聞きとれているのに、やっぱり上手くいかない」という声が後を絶たないのは、「機能語を聞き落としているので、文の骨格（構造）がとらえられな

い」事が理由なのです。逆にそれらの機能語のパターンが聞き取れるようになれば、リスニング試験は驚くほど有利に戦う事ができるのです。

　本書のトレーニングで、日本語が母語である私たちに共通する弱点を、一気に長所に変え、リスニングに強くなりましょう。

◆ 中1で学ぶ単語が聞き取れれば勝てる

　繰り返しになりますが、よく使われるシンプルな単語ほど聞き取りは難しいというのは事実です。**シンプルな単語ほど、音の数が少なく、音の連結や脱落があって、聞き取りにくい**のです。これはある意味当然で、日常会話で徹底的に使いまわされる単語ほどネイティブスピーカーが楽に速く話せるように出来ているからです。日本語でも「では、しかたがない」を「じゃ、しゃーない」と無意識に発音していることと同じようなものです。そこで、聞きもらさずに「話の流れ」「英文の骨格」をつかみたいなら、上記の単語の「実際の音」を冷静にキャッチ出来るようになればいいのです。

　この方法により、未知の単語の意味や文の内容の類推さえも格段にやりやすくなり、リスニングの理解度は短期間に上がることになります。

ポイント2
英語の音は「カンニング」が可能！ ——言える音は必ず聞ける——

　意味が難しくスペリングが長い単語は、聞き取りやすいのですが、個々の単語の出現頻度は機能語などの基本語彙と比較すると当然低くなります。

　例えば、preliminary（本番前の）や particularly（細部にわたって）のように難しくスペルの長い単語は非常に聞き取りやすいのですが、先述したように、

　　the、and、of、to、I、a、in、that、you、for、it、was、is、will、as、have、not

などのような**基礎的で常に使い回される単語の方がはるかに聞き取りが難**しいのです。

◆「キーワードで類推」には限界がある

しかし、これらの単語が聞き取れないと、英文の**骨格**をつかむことができません。難しくてスペルの長い単語が断片的に聞き取れても、文全体として意味やメッセージを把握することには遠く及びません。

結果的に「スペルの長い、**難しい単語を必死でつなぎ合わせ、類推だけに頼るしかない**」という絶望的な状況に陥ってしまいます。

せっかくまじめに勉強しているのに、「英語のニュースや資格試験のリスニングテストにはある程度対応できるけれど、カジュアルなトークが聞き取れない」という場合は、ほぼ**100パーセント**これが原因と言えます。

また、医師やエンジニアの方々など、専門職の人同士の会話は、話す内容が限定され、しかも互いが同じデータベース（専門知識）をもって話すので、専門用語（スペルが長い単語ほど聞き取りやすい）が会話のメインとなります。それゆえにこのような特殊な限定された分野内の意志の疎通は比較的楽になるのです。しかしながら、彼らの多くもまた、一般的な日常会話やカジュアルな場でのトーク（基礎的な単語が高速で発話される場での会話）の方が難しいと感じているのです。私が医療現場や医療機器の開発現場で同時通訳を行った際にも、彼らは一様に「日常会話は簡単な単語のはずなのに聞き取りさえ難しい」と話されていました。

◆ 耳はこんなにもだまされている！

ここで、ちょっと**共通テストの冒頭で放送される、英語（リスニング）スクリプト**の音声確認の英文を見てみましょう。

- **オレンジ色の文字**は「口の形は作っても、実際には発音しません」
- 下線部は一息でまるで1語のように発音します。

CD Track 1

M: Let's talk about the newsletter.

W: OK, let's check what we've got so far. We've decided to have one main story and one short story, right?

M: Right. And what about pictures? Should we have one for each story?

W: I'm not so sure about that. Maybe it would be too much. How about just for the main story?

M: That sounds good. Now, what will our stories be? We could do one about the students who visited from Hawaii. Maybe we could use one of the photos they sent us.

◆ 省略される語末の小文字が実に**31**個もありますね。

　これは、リスニングにおいてたった一つの会話文で実に**31**回も耳がだまされ、リスニングを邪魔されているという事になります。これでは、いくら英語の音源を聞いてもリスニングは伸びないのです。しかし、「自分で言えたらかならず聞こえる」ようになる、というのも事実なのです。

◆ 音読して納得しよう！

　実際に音読してみればわかるのですが、赤い文字の子音を毎回発音しようとすると、**非常に読みにくく、疲れます**。逆に、**オレンジ色の子音**を口の形を作るだけで、**読まないように**（「〜ッ」のように寸止めする）と、驚く程**なめらかに、楽に**読むことができます。音読をするなら、このツボを

押さえて実践しましょう。

　これによって**リスニング力**と英文の**構造の把握力**、そしてスピーキング力まで同時に鍛え上げることができるのです。

◆「小は大を兼ねる」 聞きとれるようになる音読トレーニング！

　この練習によって、そしてリスニングで英語が**「よく聞こえる耳」**（「相手にとって聞き取りやすい発音」でもある）を手に入れることができます。

　単語の知識に頼り過ぎない、**音声レベル (耳レベル)** のリスニング力を高めるための練習ですから、カッコ内の音は必ず本書の指示通りに、**意図的に極端に省略**して読むようにしましょう。前述しましたが、英語のリスニングでは**「小が大を兼ねる」**のです！

　言い換えれば、

> **「省略した音を知っていれば、省略していない音も必ず聞き取れる」**
> **「省略していない音を知らなければ、省略された音の聞き取りはほぼ不可能である」**

という事になります。この読み方にいったん慣れてしまえば、千変万化するイントネーションや手加減なしに話される英語の音変化も怖くなくなります。

> **「これまでは、必死で集中しても聞きとれなかったリスニング試験の英語が、ぼんやりしていても "聞きとれてしまう"」**

という状態にまでもっていくことができるのです！

　また、聞き取りが最も難しい機能語 (前置詞、冠詞、助動詞などのように語彙的意味をもたない語) が聞き取れるようになり、英文の構造 (骨格) を把握できないということがなくなっていきます。そして、音の変化をまねしたり、微細な音の変化に現れる会話の雰囲気やニュアンスにも気づけるまでに余裕ができていきます。

◆ 効果は保証します！

　私が日本国内で英語を独学し、同時通訳をこなすようになる過程において、ここで紹介する練習法は驚くほど効果を発揮しました。また、このトレーニングは私個人だけではなく、楽天株式会社など様々な企業のビジネスパーソン、予備校での大学受験生のリスニング指導などで私のクラスを同じく受講された方々にも確実に効果を出してきた方法です。この手っ取り早くリスニング力を上げる練習法で「聞こえる耳」を手に入れてください！

> **リダクションの有無まで聞いて分かるようになれば、
> リスニングの精度は比類なきものになるのです。**

即効公式1

[～t] [～p] [～k] [～b] [～d] [～g] [～th] [～v]

で終わる単語はとりあえず

➡「～ッ」

という音で音読しておく！　これだけで聞き取りと音読が飛躍的に上達します！

[～t] [～p] [～k] [～b] [～d] [～g] [～th] [～v]

は

「～ッ」

となり単語の最後の [～t] [～p] [～k] [～b] [～d] [～g] [～th] [～v]の音を **「発音する寸前で、～ッ、と止める」** イメージです。**特に [～t] は出現頻度が他と比べて極端に高い**ので、優先して練習します。

　これだけでリスニング力を一気に伸ばすことができます。後に行うトレーニングで練習しながら実感して下さい。

即効公式 2

前置詞、冠詞はとにかく「弱く」「短く」発音される

A/THEは次に来る単語の一部として予想を超えて弱く発音される！
***オレンジ文字**はきわめて弱く、短く発音。

　簡単な単語ほど、リスニングにとっては難敵。中学１年で学ぶような、基本的な単語ほど頻出度が高いのです。to、for、in、on、at、withなどの前置詞や、a、theなどの冠詞はある意味「究極の頻出単語」。よく使われ、誰もが知っていて当然の単語なので、ネイティブは丁寧に発音しなくなるんですね。

　そして、実はこれらの単語がリスニングでは一番聞き落としやすいのです。その上、これらの単語を聞き逃すと文の構造を把握できなくなるから厄介です。例えば、on the wall と in the wall では、全く違う話になってしまいますよね。

　とにかく、前置詞や冠詞は、どの単語も「とても弱く発音される」と覚えておいてください。一つひとつ見ていきましょう。

前置詞

CD Track 2

◆ to

例 to **YOU** （トゥユー）

「トゥー」ではなく、タ/トゥのように弱く短く発音します。

◆ for

例 for **YOU** （ファユー）

rは発音さえしないほど短くなるなります。foだけ発音するつもりで。

◆ in

例 **In** it （エネッ）

イン・イットではなく、エネッ。

音がつながり、it の t は消えてしまいます。

◆ at

例1 at the （アダ/アッダ）

at の t は消えます。2語ですが1語のように一息で言いましょう。

例2 at **THAt TI**me （ァダーッ・ターイm）

アット・ザット・タイム、ではありません。

「ァ**ダ**ーッ・ターイm」と言うつもりで一息で。

◆ with

例 with the （ウィダ/ウィッダ）

withの th が消え、小さいッのようになります。th を言う直前に寸止めする感じで。

冠詞

---

　a、an、the は「名詞にくっついている飾り」と考え、早く弱く発音しましょう。

◆ a

例 a**PE**n　（ァ ぺ ー n ）

ア・ペンと分けずに、一息で言い切ります。

◆ an

例1 a**NA**pple　（ゥ ネ ァ ポ ー）

アン・アップル、ではなく、an の n と apple の a をつなげ、ゥ ネ ァ ポーのように発音します。apple の第1アクセントは最初の a で、これは前に冠詞がついても変わりません。そのため、an apple は、「aNA pple」と一語のように発音されます。

例2 an im**PO**rtant **FA**ctor　（ァネンポートゥンッ・フェァーkター）

important の ta の t が脱落することに注意してください。

◆ the

例1 the **BOO**k　（ダブーk）

少し口を尖らす感じで、「ブー」の部分の長さを変えて遊んでおくとよいでしょう。日本語の「ッ」だけだと長さの調整ができません。

例2 the **SE**rious p**RO**blem　（ダ スィーリゥs pラーbm）

problem は、「① 第1アクセントを常に強く」のところで出てきた3つのパターンを、すべて口に出して練習しておきましょう。各段に聞き取れるようになります。

　このように、冠詞は限りなく小さく、「名詞とセット」で発音されます。これを覚えておくと、聞き取りが楽になります。

ウォームアップ1

　リスニング、二次試験のスピーキングにも即効の音声パターンを覚えてしまいましょう。常に使われる簡単な単語ほど、音の省略が激しくなります。ここで実際に発音しておけば、楽に耳に入り、また話すときにりきまず、楽に話せるようになります。

　また、「〜't」の形をとる否定の表現は大文字の部分が常に強く発音されます。従って、否定かどうかの判断は「tのあるなし」ではなく「強く、高く発音されているかどうか」に注目します。

CD Track **4**

☐ can	ケン
☐ **CA**n't	キァンッ
☐ **I**sn't	エzンッ
☐ **A**ren't	アrンッ
☐ **WA**sn't	ワzンッ
☐ **WE**ren't	ワーrンッ
☐ **DO**n't	ドウンッ
☐ **DO**esn't	ダzンッ
☐ have **BEE**n	ハッベン
☐ **HA**ven't been	ハvンッベン

24

☐ a **LO**t of	ァラーダv ／ァラーダ
☐ **It**	エッ
☐ **THA**t	ダーッ
☐ **Wha**t	ワーッ
☐ **GOO**d night	グッナイッ
☐ **MI**dnight	ミッナイッ
☐ **Ou**tsi**de**	アウッサイッ

ウォームアップ 2

品詞でアクセントの位置が変わる要注意単語

　あらかじめそれらの単語を声に出して慣れておくことでこの問題の多く
は解決ができるわけです。品詞でアクセントの位置が変わる単語スペルを
見るだけでは紛らわしく、音読試験、スピーキング試験でも採点対象の標
的になりやすい単語です。数は多くないのでしっかりと押さえて自信をつ
けましょう！

　派生語でアクセントが変化するものは理屈ではなく口に出す練習による
「口による記憶力」で身体でアクセントの位置を覚えることが秘訣です！

CD Track 5

☐ **CO**ntact	名 接触
☐ con**TA**ct	動 接触する

☐ en**VI**ronment	名 環境
☐ environ**ME**ntal	形 環境の
☐ environ**ME**ntally	副 環境保護に関して

☐ **VA**ry	動 様々である
☐ **VA**rious	形 様々な
☐ va**RI**ety	名 多様性

☐ **I**ndustry	名 産業／勤勉
☐ in**DU**strial	形 産業の／工業の
☐ in**DU**strious	形 産業の／勤勉な
☐ **PHO**tograph	名 写真
☐ pho**TO**grapher	名 写真家
☐ pho**TO**graphy	名 写真撮影
☐ photog**RA**fi**c**	形 写真の／写真撮影の
☐ **DE**mocra**t**	名 民主主義者
☐ de**MO**cracy	名 民主主義
☐ democ**RA**ti**c**	形 民主主義の
☐ e**CO**nomy	名 経済
☐ eco**NO**mical	形 経済的な／節約になる
☐ eco**NO**mi**c**	形 経済の／経済学上の

ウォームアップ 3

先頭に第1アクセントがくる語は日本語では一部の例外を除いてほとんど存在しません。それゆえに、これらの単語を声に出して慣れておくことは、リスニング試験で内容を戸惑うことなく聞き取って回答をするために非常に大切です。

単語の先頭に第1アクセントがくる英単語に注意し、必ず声に出しておきましょう。リスニング試験では聴きとりが容易になり、理解と回答を行う余裕が増えていきます。

また、スピーキング系の試験でも必ずマークされ、結果を左右する採点対象です。

CD Track 6

□ astronaut	**A**stronaut
□ comfortable	**Co**mfortable
□ difficult	**Di**fficult
□ expert	**E**xpert
□ famous	**FA**mous
□ favorite	**FA**vorite
□ fireworks	**FI**reworks
□ headache	**HEA**dache
□ influence	**I**nfluence

☐ interesting	**I**nteresting
☐ passage	**PA**ssage
☐ stomachache	s**TO**macha**che**
☐ wintertime	**WI**ntertime
☐ yesterday	**YE**sterday

ウォームアップ4

カタカナ英語が狙われる！

　リスニング試験で必ずマークされ、結果を左右します。カタカナで覚えてしまっている単語は、「知っているのに聞きとれなかった！」と試験の後で悔しい思いをする原因となります。

　また、出題者達はこれらカタカナ英語の盲点を狙って出題することが、どうやら大好きのようです。日本語で話しているときに無意識で使っているカタカナ英語を正しく発音するようにしておきましょう。盲点である分、それだけでライバルに差がつき、非常に有利になります。

　リスニング試験では聴きとりが容易になり、理解と回答を行う余裕が増えていきます。必ずCDの音声を聞きながら声に出して練習しましょう！

CD Track 7

□ accessory	ac**CE**ssory
□ advice	ad**VI**ce
□ afternoon	after**NOO**n
□ album	**A**lbum
□ alcohol	**A**lcohol
□ alphabet	**A**lphabe**t**
□ amateur	**A**mateur
□ antenna	an**TE**nna
□ athlete	**A**thle**te**

☐ backward	**BA**ckward
☐ balance	**BA**lance
☐ banana	ba**NA**na
☐ bandana	ban**DA**na
☐ barometer	ba**RO**meter
☐ boycott	**BO**ycott
☐ buzzer	**BU**zzer
☐ café	ca**FÉ**
☐ cafeteria	cafe**TE**ria
☐ calendar	**CA**lendar
☐ canoe	ca**NO**e
☐ career	ca**RE**er
☐ carrier	**CA**rrier
☐ casette	cas**SE**tte
☐ catalog	**CA**talog
☐ challenge	**CHA**llenge
☐ chocolate	**CHO**colate
☐ Christmas	Ch**RI**stmas
☐ classmate	c**LA**ssmate
☐ coffee	**CO**ffee
☐ comment	**CO**mment

☐ control	cont**ROl**
☐ damage	**DA**mage
☐ delicate	**DE**licate
☐ dessert	des**SERt**
☐ drama	d**RA**ma
☐ e-mail	**E**-mail
☐ elevator	**E**levator
☐ energy	**E**nergy
☐ escalator	**E**scalator
☐ etiquette	**E**tiquette
☐ event	e**VEnt**
☐ expert	**E**xpert
☐ forward	**FO**rward
☐ gap	**GAp**
☐ guitar	gui**TAR**
☐ heroine	**HE**roine
☐ hotel	ho**TEl**
☐ idea	i**DE**a
☐ image	**I**mage
☐ interval	**I**nterval
☐ kilometer	ki**LO**meter

☐ label	**LA**bel
☐ manage	**MA**nage
☐ manager	**MA**nager
☐ message	**ME**ssage
☐ missile	**MI**ssile
☐ mountains	**MO**untains
☐ museum	mu**SE**um
☐ mushrooms	**MU**shrooms
☐ musician	mu**SI**cian
☐ oasis	o**A**sis
☐ Olympic	**OLY**mpi**c**
☐ operator	**O**perator
☐ orange	**O**range
☐ orchestra	**OR**chestra
☐ oven	**O**ven
☐ pancakes	**PA**ncakes
☐ parade	pa**RAde**
☐ parfait	par**FAI**t
☐ pattern	**PA**ttern
☐ percent	per**CE**nt
☐ percentage	per**CE**ntage

☐ photos	**PHO**tos
☐ piano	pi**A**no
☐ program	p**RO**gram
☐ pyramid	**PY**rami**d**
☐ restaurant	**RE**stauran**t**
☐ robot	**RO**bo**t**
☐ routine	rou**TI**ne
☐ situation	situ**A**tion
☐ softball	**SO**f**t**ball
☐ sweater	s**WE**ater
☐ technique	tech**NI**que
☐ textbook	**TE**xtboo**k**
☐ thermometer	ther**MO**meter
☐ tobacco	to**BA**cco
☐ tunnel	**TU**nnel
☐ vitamin	**VI**tamin
☐ volume	**VO**lume
☐ volunteer	volun**TE**er
☐ woman	**WO**man

ウォームアップ5

大事な聴き分けの練習です

　リスニング試験において、数字が回答するために重要な役割を果たすことは良くあります。また、スピーキング試験においても必ずマークされ、結果を左右する採点対象です。簡単だと思っていると、思わぬ不覚をとることがよくあるので実際に発音できるようにしておきましょう！

　「最後にNがあるかどうか」ではなく「どの部分が強く、高く発音されているか」で聴き分けます！　自分で発音しておけば、確実に聴き取れます。

CD Track 8

□ thirteen	thir**TEE**n
□ thirty	**THI**rty
□ fourteen	four**TEE**N
□ forty	**FO**rty
□ fifteen	fif**TEE**n
□ fifty	**FI**fty
□ sixteen	six**TEE**n
□ sixty	**SI**xty
□ seventeen	seven**TEE**n
□ seventy	**SE**venty
□ eighteen	eigh**TEE**n

☐ eighty	**E**ighty
☐ nineteen	nine**TEE**n
☐ ninety	**NI**nety

言えたら聞ける！
機能語コンビネーションのインストール

　一番基本的で簡単な「はず」のいくつもの機能語、基本単語（中学レベルの単語がほとんど）が、組み合わさって一息でまるで**1語のように高速発話される**と、こちらのレーダー（耳）ではとらえきれない。

　これは、冷静に考えてみれば当たり前の事かもしれませんね。

　ネイティブにとっての究極の「内輪ネタ」とも言える、「いつもどんな時でも使っている」機能語の組み合わせ。彼らでさえこれらの基本的な最頻出の単語たちは**1つのカタマリの音**として記憶し、処理しているのです。

　そうであればこちらの「レーダー（耳）の性能」を上げましょう。私は英語を国内で独学し同時通訳もやりますが、リスニング初期段階ではこの方法が一番効果がありました。

　限られた受験勉強の時間を、手っ取り早く聞きとれる現実的な方法で友好に使いましょう。これは実は、一生ものの英語のスキルとして使えます。

◆ 現実的な、すぐ使えるコツ！ リスニングは半分カンニング!!

『お約束』の音を知ってればいい！
これだけで驚くほど聞き取れる！
「手品のトリック」を知っておく！
限られた機能語こそ「真のキーワード」！

　リスニングにおいて**「なんとなくは分かるけど、はっきりとは理解できない」**原因は多くの場合「機能語が聞き取れていない」ことにあります。中学校で学ぶ冠詞、前置詞、基本動詞、助動詞、といった「誰でも知って

いる」簡単な単語ほど必出で、そして私たちの耳には驚くほど「素早く、小さく」発音されます。ではどうすればよいのでしょうか？

　答えは簡単です！「聞いてまねようとする前に、そのものズバリの音を練習すればいい！」のです。長年の英語のスピーキング指導の経験と、私自身の英語の国内独学での経験を照らし合わせても、リスニング力が上がるプロセスとは手品の種明かしを知るプロセスと非常に似ています。

　例えばマジシャンの手の中にあるコインがパッと消えたり、身体が宙に浮いているように見えるトリックも、タネさえ知ってしまえばその理由ははっきりとわかるものです。タネを知らずに手品をいくら見たとしてもそのカラクリはわかりません。ここではその種もしかけも初めから手に入れて、しっかり練習できます。もう「リスニングのトリック」にかんたんに引っかかる事はないでしょう！　機能語の音のコンビネーションを音読で身体にインストールし、リスニング力の飛躍的向上を達成します！（難度の高いスペルの長い単語の方が実はとても聴きとりやすい、という事実もここで体感しておきましょう）

◆ 目的

　発話時にリラックスした状態で力みなく、楽に話す方法を体で習得します。ここでの練習で、英語の音は「つながったり、とけて消えたり」しながら口に出すべき音の数はどんどん減っていくことが身体で理解できます。

　イメージで言うと**「本来100メートル走るはずだったのが、70メートル走るだけ」**になる感じです。力まずゆっくり話しても、話している単語は多くなるわけです（早口で話す英語のネイティブスピーカーに焦って話している印象がないのはこのためです）。会話において常時登場する実践的な頻出パターンを体得し、『ゆっくりと、速く』話し、聞き取る技を手に入れます。

No. 1 **about**系頻出パターンのインストール！

□ about	アバウッ
□ about it	アバウリッ
□ about that	アバウダッ
□ about them	アバウッダ m

No. 2 **all** 系頻出パターンのインストール！

□ all	オー
□ all about	オー ラバウッ
□ all of them	オー l ア ッデ m
□ all of the	オー l アッダ
□ all the	オー ダ
□ all I	オー l アィ
□ all we	オー ウィ
□ always	オー ウェイ s

No. 3 **and** 系頻出パターンのインストール！

□ and I	ア ナィ
□ and he	アンヒ
□ and she	アンシ

| □ and they | ァ ン デイ |
| □ and then | ァ ン デン |

No.4　as 系頻出パターンのインストール！

□ as a	ァズァ
□ as you	ァジュ
□ as I	ァザーィ

No.5　at 系頻出パターンのインストール！

□ at the	ァ ッダ
□ at his	ァ リズ
□ at that time	ァダッ ターィ m
□ at this	ァ ッディ s

No.6　because 系頻出パターンのインストール！

| □ because | ビカ s |

No.7　better than 系頻出パターンのインストール！

| □ better than | ベラ ダン |

but 系頻出パターンのインストール！

☐ bu**t**	バッ
☐ bu**t** he	バッ ヒ
☐ but it's	バリッ ts
☐ bu**t** the	バッ ダ
☐ bu**t** then	バッ デン
☐ but you	バッ チュー

call 系頻出パターンのインストール！

☐ call	コー l
☐ call me	コー ミー
☐ call her u**p**	コー l ゥーラッ
☐ call him u**p**	コー l イマッ

can/can't 系頻出パターンのインストール！

☐ can	キァン
☐ can't	キァンッ
☐ can't be	キァンッ ビー
☐ can't you	キァン チュー

No. 11 check 系頻出パターンのインストール！

☐ check it	チェキッ
☐ check it out	チェキ ラゥッ
☐ check out	チェッ カゥッ

No. 12 could/ 仮定法過去完了系頻出パターンのインストール！

☐ could have been	クダッビン
☐ should have been	シュダッビン
☐ would have been	ウォダッビン

No. 13 couldn't/ 仮定法過去完了・否定系頻出パターンのインストール！

☐ couldn't have been	クッナッビン
☐ shouldn't have been	シュッナッビン
☐ wouldn't have been	ウォッナッビン

No. 14 did/didn't 系頻出パターンのインストール！

☐ did you	ディジュ
☐ didn't	ディ d ンッ
☐ didn't have to	ディ d ンヘァ f タ
☐ didn't you	ディ d ンチュー

No.15 do 系頻出パターンのインストール！

□ do you have a ドゥーユー ヘァ v ァ

□ do you know what I ドゥーユー ノゥ ワ ラィ

□ do you want ドゥーユー ゥワンッ

□ do you want to ドゥーユー ゥワンッタ

No.16 does 系頻出パターンのインストール！

□ doesn't ダ z ンッ

□ doesn't he ダ z ンッヒ

No.17 don't 系頻出パターンのインストール！

□ don't have to ドゥンッ ヘァ f タ

No.18 doubt 系頻出パターンのインストール！

□ doubt it ダゥリッ

□ doubt about it ダゥラバゥリッ

No.19 for 系頻出パターンのインストール！

□ for f ァ

□ for about f ォアバゥッ

| □ for her | f ォ フ ゥ 〜 |
| □ for him | f ォ r ィ m |

No. 20 forget 系頻出パターンのインストール！

| □ forget to | f ァ ゲ ッ タ |
| □ forgot to | f ァ ガ ッ タ |

CD Track 11 (No. 21–30)

No. 21 front 系頻出パターンのインストール！

| □ front of | fr ア ナ ッ |

No. 22 get 系頻出パターンのインストール！

□ get back	ゲ ベ ァ ッ
□ get out	ゲ ラ ゥ ッ
□ get out of here	ゲ ラ ゥ ラ ヒ ァ
□ get you	ゲ ッ チ ュ
□ getting	ゲ リ ン ッ

No. 23 give 系頻出パターンのインストール！

| □ give her | ギ v ゥ 〜 |
| □ give him | ギ v ィ m |

☐ give me	ギミー
☐ got to	ガッタ
☐ got you	ガッチュー

No.24 go 系頻出パターンのインストール！

☐ go to	ゴゥタ
☐ going to	ゴゥインッタ

No.25 have 系頻出パターンのインストール！

☐ had better	ヘァッベラ
☐ had to	ヘァッタ
☐ has to	ヘァ s タ
☐ have to	ヘァ f タ
☐ haven't	ヘァ v ンッ

No.26 how 系頻出パターンのインストール！①

☐ how about	ハゥアバウッ
☐ how about a	ハゥアバウタ
☐ how about you	ハゥアバウチュー

how 系頻出パターンのインストール！②

□ how did you	ハゥディジュー
□ how did your	ハゥディジョァ
□ how to	ハゥタ
□ how would you	ハゥウォッジュー

No. 28 **I** 系頻出パターンのインストール！

□ I don't know	アィドゥンッノゥ
□ I need to	アィニーッタ
□ I ought to	アィオーッタ
□ I want it	アィウォニッ
□ I wanted it	アィゥオンティディッ
□ I was kind of	アィゥオ s カィンダ v

No. 29 **if** 系頻出パターンのインストール！

□ if it's	イ f ィッ ts

No. 30 **I'm** 系頻出パターンのインストール！

□ I'm going to	アィ m ゴゥインッタ
□ I'm going to have to	アィ m ゴゥインッタ ヘァ f タ

☐ I'm just	アィm ジュs
☐ I'm not	アィm ナッ
☐ I'm not going to	アィm ナッゴゥインッタ

CD Track 12（No. 31–40）

No. 31 is 系頻出パターンのインストール！①

☐ is he	イz ヒー
☐ is it	イズィッ
☐ is that	イ ダッ
☐ is that going to	イ ダッゴゥインッタ

No. 32 is 系頻出パターンのインストール！②

☐ is there any	イ デァ エニ
☐ is this	イ ディs
☐ isn't it	イz ニッ

No. 33 it's 系頻出パターンのインストール！①

| ☐ it's about | イッツァバウッ |
| ☐ it's all about | イッ ts オーァバウッ |

No. 34　it's 系頻出パターンのインストール！②

□ it's been a　　　　　イッ ts ビナ

□ it's been about　　　イッ ts ビナバウッ

No. 35　it's 系頻出パターンのインストール！③

□ it's going to　　　　イッ ts ゴゥインッタ

□ it's hard to　　　　　イッ ts ハーッタ

□ it's like a　　　　　　イッ ts l アィカ

□ it's not　　　　　　　イッ ts ナッ

No. 36　just 系頻出パターンのインストール！

□ just　　　　　　　　　ジュ s

□ just about　　　　　　ジュ s タバウッ

No. 37　let 系頻出パターンのインストール！

□ let her　　　　　　　l エッ フ〜

□ let him　　　　　　　l エリ m

□ let me　　　　　　　　l エッミー

No.38	**like** 系頻出パターンのインストール！

☐ **like** to　　　　　　Ι アィッタ

No.39	**look** 系頻出パターンのインストール！

☐ look a**t**　　　　　　Ι ウッキャッ

☐ look at i**t**　　　　　Ι ウッキャリッ

No.40	**lot** 系頻出パターンのインストール！

☐ a lot of　　　　　　ァ Ι アラッ

☐ lots of　　　　　　Ι アッツァッ

CD Track 13（No. 41–50）

No.41	**make** 系頻出パターンのインストール！

☐ ma**ke** sure　　　　　メィッシュア

No.42	**might** 系頻出パターンのインストール！

☐ might ha**ve**　　　　　マィラッ

☐ might ha**ve** been　　　マィラッビン

☐ migh**t** not　　　　　マィッナッ

☐ migh**t** not be　　　　マィッナッビ

☐ migh**t** not ha**ve**　　　マィナヘァッ

must 系頻出パターンのインストール！

□ must	マ s ッ
□ must be	マ s ッビ
□ must have	マ s タ**ve**

No. 44 **need** 系頻出パターンのインストール！

| □ nee**d** to | ニーッタ |
| □ needed to | ニーディッタ |

No. 45 **n** 系頻出パターンのインストール！

□ never been **th**ere	ネ v ゥビネア
□ nex**t** to	ネ ks ッタ
□ none o**f**	ナナッ

No. 46 **not going to** 系頻出パターンのインストール！

| □ no**t** goin**g** to | ナッゴゥインッタ |

No. 47 **on** 系頻出パターンのインストール！

| □ on her | アン フゥ〜 |
| □ on **his** | アニ z |

No. 48 **one of** 系頻出パターンのインストール！

☐ one of the   ゥワナッダ

No. 49 **out** 系頻出パターンのインストール！

☐ out of   アゥタ v ッ

☐ get out of here   ゲラゥラヒァ

No. 50 **over** 頻出パターンのインストール！

☐ over an hour   オゥ v ゥ ァナゥァ

☐ over it   オゥ v ゥリッ

CD Track 14（No. 51–60）

No. 51 **pro** 系頻出パターンのインストール！

☐ probably   pr アバッ l イ

☐ problem   pr アッ l ゥ m

No. 52 **real** 系頻出パターンのインストール！

☐ real   r イー l

☐ really   r イー l イ

No. 53 **sort** 系頻出パターンのインストール！

□ sort of	ソータ v

No. 54 **start** 系頻出パターンのインストール！

□ started	s ターティ d

No. 55 **sure** 系頻出パターンのインストール！

□ sure about	シューラバウッ

No. 56 **talk** 系頻出パターンのインストール！

□ talk about	トーカバウッ
□ talk about it	トーカバウリッ
□ talk about that	トーカバウダッ

No. 57 **that** 系頻出パターンのインストール！

□ that was	ダッゥオ z
□ that will be	ダッルビ
□ that would be	ダッウォッビ
□ that's about	ダッツァバウッ
□ that's what I want	ダッ ts ゥワライ ゥワンッ

No. 58 **there** 系頻出パターンのインストール！

☐ there is a	デァリザァ
☐ there was a	デァウォザ

No. 59 **they are** 系頻出パターンのインストール！

☐ they are goin**g** to have to	デイァ ゴゥインッタ ハ f タ
☐ they are no**t** goin**g** to have to	デイァ ナッゴゥインッタ ハ f タ

No. 60 **to** 系頻出パターンのインストール！①

☐ to her	タ フゥ〜
☐ to **h**im	タ イ m
☐ to me	タ ミー

CD Track **15**（No. 61–70）

No. 61 **to** 系頻出パターンのインストール！②

☐ to be with a	タ ビ ウィッダ

No. 62 **try** 系頻出パターンのインストール！

☐ try no**t** to	tr アーィ ナッタ
☐ try to	tr アーィタ
☐ tryin**g** to	tr アーィンッタ

used 系頻出パターンのインストール！

□ use**d** to   ィユーsタ

No. 64 **want** 系頻出パターンのインストール！

□ wan**t** to   ゥワンタ

□ wanted to   ゥワンティッタ

□ wante**d** him to   ゥワンティッヒmタ

□ wante**d** her to   ゥワンティッフ〜

□ wanted you to   タ ゥワンティッチュータ

No. 65 **weren't** 系頻出パターンのインストール！

□ weren't you   ゥウ〜ンチュー

No. 66 **we've** 系頻出パターンのインストール！

□ we'**ve** been there ウィッビンネア

□ we'**ve** done it   ウィッダニッ

No. 67 **what** 系頻出パターンのインストール！①

□ wha**t** did he do   ゥワッディッヒードゥ

□ wha**t** did she do   ゥワッディッシードゥ

| ☐ what did you do | ウワッディッジュードゥ |
| ☐ what do you do | ウワッドゥユードゥ |

No. 68 **what** 系頻出パターンのインストール！②

☐ what I want	ウワライ ウワンツ
☐ what he wants	ウワッヒー ウワン ts
☐ what she wants	ウワッシー ウワン ts

No. 69 **what** 系頻出パターンのインストール！③

☐ what if	ウワリ f
☐ what kind of	ウワッカィンダッ
☐ what's going to happen	ウワッ ts ゴウインタ ヘァ p ン
☐ what's that	ウワッ ts ダッ

No. 70 ひと息疑問文 **wh** 系頻出パターンのインストール！

☐ where is a	ウエァ r イザ
☐ where is the	ウエァ r イダ
☐ what are you	ウワッアーユー
☐ where are you	ウエァアーユー
☐ who are you	フーアーユー

No. 71 ひと息疑問文 **why** 系頻出パターンのインストール！

☐ why are you	ウワーィ アーユー
☐ why did he	ウワーィ ディディー
☐ why did you	ウワーィ ディジュー
☐ why didn't you	ウワーィ ディ d ンチュー
☐ why do you	ウワーィ ドゥーユー
☐ why don't you	ウワーィ ドゥンチュー
☐ why not	ウワーィ ナッ

No. 72 **with** 系頻出パターンのインストール！

☐ with a	ウィダ
☐ with the	ウィッダ
☐ with her	ウィッフ〜
☐ with him	ウィディ m
☐ with its	ウィディ ts
☐ with them	ウィッダ m
☐ without	ウィダゥッ

No. 73 **would** 系頻出パターンのインストール！

☐ would be	ウォッビ

☐ would have	ウォダッ
☐ would have been	ウォダビン
☐ would have been there	ウォダビネア
☐ would you	ウォッジュー
☐ wouldn't have	ウォッナッ
☐ wouldn't you	ウォdンチュー

No. 74 you 系頻出パターンのインストール！

☐ you can	ィユーkン
☐ you can't	ィユーキァンッ
☐ you have to	ィユーハfタ
☐ you had to	ィユーハッタ
☐ you have been there	ィユーヘァビネア
☐ you've got	ィユーvガッ

言えたら聞ける！「魔法の音読例文」

「英語が聴こえる耳」を手に入れる魔法の音読例文

　本コーナーの中で特にリスニング力の向上と、スピーキングを楽にする重要な法則を凝縮し、4本の例文にまとめてあります。

　たったこれだけを音読するだけで聴き取りが飛躍的によくなります。**黒太字の大文字**は強く、**オレンジの小文字**は「〜ッ」と省略して下さい。

No. 1 ————————————————————————————— CD Track 17

It was difficult for me to do it at that time,
but they always spent a lot of time working on it with me.

〔日本語訳〕
それをやることは私にとっては難しいことでしたが、
彼らはいつも一緒に取り組みながらたくさんの時間を過ごしてくれたのです。

〔読み方〕

It was **DI**fficult for **ME** to **DO** it at **THA**t time,
but they **A**lways spent a **LO**t of time **WO**rking on it with me.

No. 2 ————————————————————————————— CD Track 18

I haven't been outside Japan for a long time,
and that made it hard for me to work on my English.

〔日本語訳〕
長い間私は日本国外には出ておらず、
それが私にとって英語に取り組むことを難しくしたのです。

【読み方】

I **HA**ven't been **O**utsi**de** Ja**PA**n fo**r** a **LO**ng time,
an**d** tha**t MA**de i**t HA**r**d** fo**r** me to **WO**rk on my English.

No. 3 ━━━━━━━━━━━━━━━━━━━━━━━━━━ CD Track **19**

However, it doesn't matter anymore as I know it isn't
serious, and I don't worry about it anymore.

【日本語訳】

しかしながら、もうそれは問題ではありません、というのもそれは重大ではないとわかっ
ていますし、心配もしていません。

【読み方】

How**E**ver, i**t DO**esn't matter **A**nymore as I k**NO**w it **I**sn't
SErious, an**d** I **DO**n't worry about i**t A**nymore.

No. 4 ━━━━━━━━━━━━━━━━━━━━━━━━━━ CD Track **20**

Reading a passage aloud was difficult, and it gave me
a bad headache, but I always tried to make it better.

【日本語訳】

パッセージを音読するのは大変でしたし、頭痛の種でしたが、昨日よりも上手になれるよ
うにいつも頑張りました。

【読み方】

REading a **PA**ssage a**LO**u**d** was **DI**fficul**t**, an**d** it **GA**ve me
a **BA**d headache, but I **A**lways t**RI**e**d** to **MA**ke i**t** better.

過去問で "機能語＋α" ディクテーション ＆ スピード音読トレーニング！

英文の "骨格" を捕捉し、類推の負担を減らす！

　今度はリスニング能力が実際に向上しているかを試してみましょう。

　何度も前述してきましたが、リスニングにおいては英文の骨格となる機能語や不規則変化をする基本動詞が最も聞き取りにくくなっています。そこでもっとも効果的なのが機能語をメインとしたディクテーションです。これまで本書で行ってきたトレーニングの効果を視覚化し、自信をつけましょう！

　また、これらの機能語が耳でキャッチできるのであれば、その他の単語は機能語よりもずっと楽に聞きとれていることでしょう。

　聞きとれない部分があっても、落ち込むことはありません。その場合は、英文を読んで確認し、自分でその部分を声に出して練習しましょう。そうすれば次回は必ず聞き取れるようになります。

平成31年度本試験 **第1問 Question No.1** ━━━━━━━━━━━ **CD Track** **21**

【文構造ディクテーション】

M: We need (　　) idea (　　) (　　) new cartoon character.

W: I agree. How (　　) (　　) vegetable?

M: That sounds OK. But, (　　) (　　) stronger impact, give (　　) wings (　　) fly.

W: Good idea.

[音読&機能語チェック]

M: We need an idea for a new cartoon character.

W: I agree. How about a vegetable?

M: That sounds OK. But, for a stronger impact, give it wings to fly.

W: Good idea.

[日本語訳]

M: 新しいマンガのキャラのアイデアが必要だね。
W: そうだね。野菜を使うのはどうかな?
M: 悪くないね。でも、もっと強いインパクトを狙うなら、羽根をつけて飛ばすのはどう?
W: いい考えだね。

平成31年度本試験 第1問 Question No. 4 ──────── **CD Track 22**

[文構造ディクテーション]

W: Where's (　) salt we took (　) (　) picnic?

M: Maybe (　) (　) kitchen table, (　) by the toaster?

W: I checked there. By the sink, too.

M: Oh! I didn't (　) (　) back.

[音読&機能語チェック]

W: Where's the salt we took on the picnic?

M: Maybe on the kitchen table, or by the toaster?

W: I checked there. By the sink, too.

M: Oh! I didn't put it back.

[日本語訳]

W: ピクニックに持って行った塩はどこかな?

M: おそらくキッチンテーブルの上か、トースターの近くじゃない？

W: そこは確認したんだ。シンクのところもね。

M: ああ！ 元の場所に戻してなかった！

平成31年度本試験 **第2問 Question No. 10** ——————————— **CD Track** **23**

[文構造ディクテーション]

M: Hey! You're walking so slowly! We'll be late ( )
   ( ) game!

W: ( ) ( ) traffic light ( ) started ( ) flash.

M: Come on! We can make ( ) if we run.

[音読&機能語チェック]

M: Hey! You're walking so slowly! We'll be late for the
   game!

W: But the traffic light has started to flash.

M: Come on! We can make it if we run.

[日本語訳]

M: ねぇ！ 歩くのすごく遅いよ！ 試合に間に合わないよ！

W: でも信号が点滅し始めちゃった。

M: しっかりしてよ！ 走れば間に合うよ！

平成31年度本試験 **第2問 Question No. 8** ——————————— **CD Track** **24**

[文構造ディクテーション]

M: I'm thinking ( ) asking ( ) boss ( ) 10 days
   ( ) ( ) next week.

W: ( ) quite busy now. I think ( ) ( ) be difficult.

M: My wife really wants ( ) go ( ).

【音読＆機能語チェック】

M: I'm thinking about asking the boss for 10 days off from next week.

W: We're quite busy now. I think it might be difficult.

M: My wife really wants to go abroad.

【日本語訳】
M: 上司に来週10日間のお休みをもらえるように頼もうと思ってるんだ。
W: 私達今忙しいよね。それは難しいと思うけど。
M: 私の奥さんがすごく海外に行きたがってるんだよ。

平成31年度本試験　第2問 Question No. 11 ────────── **CD Track 25**

【文構造ディクテーション】

W: Remember, tonight (　　)(　　) surprise party (　　) Shota (　　) my house.

M: OK, I'm planning (　　) study (　　)(　　) library until 7, so—.

W: Actually …, (　　) party starts (　　) 6.

【音読＆機能語チェック】

W: Remember, tonight is the surprise party for Shota at my house.

M: OK, I'm planning to study at the library until 7, so—.

W: Actually …, the party starts at 6.

【日本語訳】
W: 忘れないでね。今晩は私の家でショウタ君にサプライズパーティーをするよ。
M: わかったけど、私は図書館で7時まで勉強する予定だから、その……
W: 実は……パーティーは6時開始なんだ。

【文構造ディクテーション】

W: Sir, where (　　) (　　) get (　　) night bus?

M: Continue on this train (　　) (　　) final station. The bus stop is right (　　) (　　).

W: Thanks. (　　) (　　) easy (　　) find?

【音読&機能語チェック】

W: Sir, where can I get the night bus?

M: Continue on this train to the final station. The bus stop is right above it.

W: Thanks. Is it easy to find?

【日本語訳】

W: すみません、夜行バスはどこで乗れるのでしょうか？
M: この電車に乗ったまま終着駅まで行って下さい。そのバス停はその真上にあります。
W: ありがとうございます。それは見つけやすいでしょうか？

【文構造ディクテーション】

W: There you (　　). (　　) you (　　) waiting long?

M: Yes, (　　) 30 minutes! (　　) you (　　)?

W: Well, I was waiting on (　　) other side. I didn't see you so I came (　　) here.

M: (　　) (　　) calling your phone, (　　) (　　) couldn't (　　) through.

W: Sorry, my battery died. Anyway, (　　) here now.

W: There you are. Have you been waiting long?

M: Yes, for 30 minutes! Where've you been?

W: Well, I was waiting on the other side. I didn't see you so I came around here.

M: I've been calling your phone, but I couldn't get through.

W: Sorry, my battery died. Anyway, I'm here now.

［日本語訳］

W: やっと会えたよ。長い事待ってたかな？

M: うん、30分間ね！ どこにいたの？

W: ええと、反対側で待っていたんだ。君が見当たらなかったからこちらまで周ってきたんだ。

M: 君の携帯にかけていたんだけど、つながらなかったよ。

W: ごめん、バッテリーが切れちゃったね。とにかく何とか今たどり着いたよ。

平成31年度本試験 **第3問 Question No. 15** ──────────── **CD Track 28**

［文構造ディクテーション］

M: How do you (　　　) this traditional fabric I (　　　) in India?

W: (　　　) beautiful! I (　　　) (　　　) design.
What (　　) (　　　) going (　　) do (　　) (　　　)?

M: I want (　　) (　　) (　　) skirt (　　) (　　) my wife.

W: Oh, I have a friend (　　) (　　) (　　) you.

M: Really? That sounds great.

M: How do you like this traditional fabric I bought in India?

W: It's beautiful! I love the design.

What are you going to do with it?

M: I want to have a skirt made for my wife.

W: Oh, I have a friend who could help you.

M: Really? That sounds great.

[日本語訳]

M: 私がインドで買ったこの伝統的な布地はどうかな？

W: 凄くきれいね！ デザインがいいわ。

これを使って何をする（作る）予定？

M: 私の奥さん用のスカートに仕立ててもらおうと思っているんだ。

W: ああ、それなら私の友人でお役に立てる人がいるわ。

M: 本当かい？ それは素晴らしい！

平成31年度本試験　第3問 Question No. 16 ———————— **CD Track 29**

[文構造ディクテーション]

M: Shall we take (　　) break?

W: Good idea.

M: Do you (　) coffee (　) tea?

W: What (　) (　) tea do you (　)?

M: I (　) green tea (　) lemon ginger.

W: Lemon ginger sounds good.

M: Well, actually, I think I (　) some coffee.

W: You know, on second thought, I'll have (　) same.

M: Shall we take a break?

W: Good idea.

M: Do you want coffee or tea?

W: What kind of tea do you have?

M: I have green tea and lemon ginger.

W: Lemon ginger sounds good.

M: Well, actually, I think I need some coffee.

W: You know, on second thought, I'll have the same.

[日本語訳]

M: 休憩にしようか。
W: いいね。
M: コーヒーとお茶どちらがいいかな？
W: お茶はどんな種類があるの？
M: 緑茶とレモンジンジャーがあるよ。
W: レモンジンジャーが良さそうね。
M: ええと、私は実はコーヒーがいいな。
W: そうね、私も気が変わったから、同じものを頂くわ。

［文構造ディクテーション］

M: Morning. One ( ), please.

W: ( ) be 20 dollars ( ) ( ) permanent exhibitions, and—.

M: Ah, what ( ) ( ) permanent ones?

W: ( ) ( ) Greek ( ) Roman Art, ( ) ( ) other is ( ) Age ( ) Dinosaurs. ( ) two special exhibitions cost extra.

M: ( ) are they?

W: Butterflies ( ) ( ) Amazon ( ) East Asian Pottery.

M: Maybe ( ) go ( ) ( ) ( ) them.

W: Oh, sorry. I forgot ( ) mention ( ) ( ) butterfly exhibition is closed today.

M: Too bad. Then, I guess ( ) check ( ) ( ) Greek sculptures first.

W: They're in ( ) Greek ( ) Roman Art section, ( ) ( ) not open ( ). However, you ( ) enjoy ( ) dinosaur exhibition. There's ( ) lecture in 15 minutes.

M: Good. ( ) do ( ).

W: You ( ) see ( ) sculptures after ( ) dinosaurs. ( ) special exhibition on East Asian Pottery ( ) nice, too.

M: OK, ( ) go there before ( ) sculptures. ( ) ( ) pay by credit card?

W: Sure.

M: Morning. One adult, please.

W: That'll be 20 dollars for the permanent exhibitions, and—.

M: Ah, what are the permanent ones?

W: One is Greek and Roman Art, and the other is the Age of Dinosaurs. The two special exhibitions cost extra.

M: What are they?

W: Butterflies of the Amazon and East Asian Pottery.

M: Maybe I'll go to both of them.

W: Oh, sorry. I forgot to mention that the butterfly exhibition is closed today.

M: Too bad. Then, I guess I'll check out the Greek sculptures first.

W: They're in the Greek and Roman Art section, but it's not open yet. However, you might enjoy the dinosaur exhibition. There's a lecture in 15 minutes.

M: Good. I'll do that.

W: You can see the sculptures after the dinosaurs. The special exhibition on East Asian Pottery is nice, too.

M: OK, I'll go there before the sculptures. Can I pay by credit card?

W: Sure.

【日本語訳】

M: おはようございます。大人1枚下さい。

W: 常設展でしたら20ドルで、それから―.

M: ああ、常設展はどのような内容でしょうか？

W: 1つはギリシャとローマの芸術展で、もう一つは恐竜の時代展です。2種の特別展は追加料金となります。

M: そちらの内容はどのようなものですか？

W: アマゾンの蝶と東アジアの陶芸展です。

M: それは両方見たい気がします。

W: あ、失礼致しました。蝶の展示は今日はお休みなのを言い忘れていました。

M: それは残念です。それでは、最初にギリシャ彫刻を見てみようかな。

W: それらはギリシャとローマの芸術展にありますが、まだ開いていないんです。
しかしながら恐竜展も良いかと思いますよ。15分後に講演がありますよ。

M: いいですね。そうしようと思います。

W: 彫刻は恐竜の後に見ることができますね。東アジアの陶芸の特別展も良いですよ。

M: では、彫刻の前にそちらに行こうと思います。クレジットカードで支払いはできますか？

W: 承知しました。

平成30年度本試験　第4問 A Question No. 20–22　　　　　　　　　　　　　**CD Track** 31

[文構造ディクテーション]

When I (　　) (　　) exchange student in Japan over 20
years (　　), I lived (　　) (　　) dormitory. (　　) (　　)
(　　) unforgettable, transforming experience. Several
things bothered me (　　) (　　) time, though. Learning
Japanese, performing dorm duties, (　　) obeying dorm
rules (　　) especially troublesome. (　　) example, there
(　　) (　　) curfew, (　　) meant we (　　) (　　) return no
later than 10 in the evening. One (　　) (　　) duties was
cleaning (　　) floors (　　) (　　) bathroom. I (　　) (　　)
minded, (　　) (　　) had (　　) (　　) done before
everyone (　　) got (　　). Telephone duty was another
annoying responsibility. Mobile phones weren't available
back then. Amazingly, (　　) only phone was (　　) (　　)

first floor, ( ) ( ) took turns answering ( ). I knew
having ( ) phone in each room was too costly, ( )
surely a phone on each floor ( ) ( ) reasonable.
Many ( ) these duties ( ) rules ( ) like burdens
( ) me. Although ( ) was ( ) huge challenge
communicating ( ) ( ) foreign language ( )
dealing ( ) these obstacles, ( ) turned ( ) ( )
be beneficial ( ) me. ( ) forced me ( ) improve
my language ability ( ) adapt very quickly. I realize now
( ) overcoming these difficulties ( ) me grow ( )
( ) become ( ) more responsible person.

[音読&機能語チェック]

When I was an exchange student in Japan over 20 years
ago, I lived in a dormitory.

It was an unforgettable, transforming experience.

Several things bothered me during that time, though.

Learning Japanese, performing dorm duties, and obeying
dorm rules were especially troublesome.

For example, there was a curfew, which meant we had to
return no later than 10 in the evening.

One of the duties was cleaning the floors and the
bathroom.

I wouldn't have minded, but it had to be done before everyone else got up.

Telephone duty was another annoying responsibility.

Mobile phones weren't available back then.

Amazingly, the only phone was on the first floor, and we took turns answering it.

I knew having a phone in each room was too costly, but surely a phone on each floor would've been reasonable.

Many of these duties and rules felt like burdens to me.

Although it was a huge challenge communicating in a foreign language and dealing with these obstacles, it turned out to be beneficial for me.

It forced me to improve my language ability and adapt very quickly.

I realize now that overcoming these difficulties helped me grow up and become a more responsible person.

[日本語訳]

20年よりもっと前に私は日本で交換留学生で、寮に住んでいた。

それは忘れられない、（自分自身を）変化させる経験だった。

当時はいくつか嫌でたまらない物事もいくつかあったけれど。

日本語を学ぶ事や、寮での果たすべき義務、そして寮の決まり事に従う事などは特に面倒くさかった。

例えば、門限があって、それは夜の10時までには帰宅しないといけないことを意味していた。

義務の一つに床とトイレを掃除するという物があった。

別にそれは構わなかったが、それは皆が起きる前に完了していなければいけなかった。

電話に関する義務もうっとうしいもうひとつの義務だった。

当時は携帯電話は存在しなかった。

驚くべきことに、電話は1階の一つしかなくて、私たちは交代で電話に出たものだ。

各自の部屋に電話を置くことはお金がかかりすぎるのは分かっていたが、各階に電話をひとつ設置するのは妥当だったはずだ。

このような義務と決まりごとの多くが私には重荷に感じられた。

外国語で意思の疎通を行い、これらの面倒な事に対応するのは大変な事だったけれど、私にとっては結果的に有益だった。

言葉の能力を向上させ、（置かれた状況に）素早く適応せざるを得なかった。

今だからこそ分かるのだが、これらの困難に打ち勝つことが私を成長させ、責任ある人間となるために役立ったのだ。

極限に挑戦！ 大学入試よりずっと音声の難度の高い英文で高負荷トレーニング！

ここまでやれば盤石です

　音声、内容ともにハイレベルかつ日本語が母語の学習者にとって苦手となる音声を徹底的に凝縮した英文で極限の練習を行いましょう！　色分けされた音声表記にしたがって音読して下さい。そうすることによって、余分が省略でき、英語のリズムに乗って無理なく音読のスピードを上げることができます。

　音読タイムが45秒を切るあたりから、リスニング能力は更に爆発的に向上します。大学入試のリスニング問題がスロー再生のように聞こえ始めます。共通テスト、旧帝／国公立のリスニング問題にも余裕をもって対応ができるようになります。

　そして最終的には30秒を目指しましょう。そのプロセスにおいて練習回数も自然に増えていきます。ここまでくれば、大学受験のリスニングへの対策としては明らかに過剰なレベルとなり、それゆえに大きな自信となると思います。

　適切な方法でタイムを向上させるという事は、「自分が速くなるほど、聞こえる英語は遅くなる」事を意味します。ここまでくると、英語を「読むように聞き、聞くように読む」という感覚を味わえるようになってきます。

An Amazing Game

Japan's national soccer team played an exhibition match against Morocco last night and won by a final overtime score of one to zero. Both fans and the athletes themselves had been anticipating this game for many months, and the game lived up to expectations. Both teams' defenses were very strong, with the score remaining zero to zero at the end of regulation. Early in the first fifteen minutes of overtime, however, Japan's forward ran ahead of the Moroccan defenders while dribbling the ball. He shot the ball and it went in, scoring the only goal of the match and sealing victory for the Japanese team.

*regulation…ここでは「実質的な試合時間」の意味
（国際英語発音協会（EPT）HPより引用）

【日本語訳】

素晴らしき試合

日本のサッカーの代表チームはモロッコを相手に公開試合を昨夜行い、延長戦で最後に1対0で勝利しました。

ファンも選手たち自身も何か月にもわたりこの試合を熱望していましたが、試合は期待通りのものとなりました。

両チームのディフェンス陣は共に非常に強力で、0対0のまま試合は終了。

延長戦の最初の15分間で、しかしながら日本のフォワードがドリブルしながらモロッコのディフェンスを引き離しました。

放たれたシュートが決まり、この試合唯一の得点となり日本側の勝利が確定しました。

〔音読表記〕

JaPAn's National SOccer team pLAyed an exhiBItion match aGAinst MoROcco LAst night and WOn by a FInal Overtime score of One to ZEro. BOth FAns and the Athletes themselves had been anTIcipating THIs game for MEny months, and the GAme LIved up to expecTAtions. BOth teams' deFEnses were VEry strong, with the sCOre reMAining ZEro to ZEro at the End of reguLAtion. EArly in the FIrst fifTEEn MInutes of Overtime, howEver, JaPAn's FOrward RAn ahead of the MoROccan deFEnders while dRIbbling the ball. He SHOt the ball and it WEnt in, sCOring the Only goal of the MAtch and SEaling VIctory for the JapaNEse TEam.

Cycling In China

When I lived in Beijing, China, my primary mode of transportation was riding my bicycle. There were also taxis, buses, and subways that could be utilized, but the most common way of getting around was by bike. I owned two bicycles, the first being an inexpensive one that had a basket on the front. I also strapped a fruit crate on the back, making it convenient to use when going to the market because I could easily carry my groceries home. Some of my colleagues teased me about it being a girl's bicycle because of the baskets, but I didn't care because it was very practical. I also had a very expensive mountain bike that I rode most of the time when not shopping. I would go on long rides into the countryside and even rode my bike to the Great Wall of China.

（国際英語発音協会（EPT）HPより引用）

〔日本語訳〕

中国での自転車事情

中国の北京に私が住んでいた頃は、私の主たる交通手段は自転車だった。

タクシーやバスや地下鉄も利用はできたが、もっとも一般的な移動手段は自転車によるものだった。

私は自転車を2台所有していて、一つ目は前方に籠がついた低価格の物だった。

市場に行くときに使いやすくするべく、私は果物用の木箱を後方にくくりつけたのは、食料品を簡単に自宅に運ぶことができるからだ。

籠のせいで同僚の何人かは女の子用の自転車だと言って私をからかったけれど、私は気にしなかった、というのはそれがとても実用的だったからだ。

私は買い物以外で常用していた非常に高価なマウンテンバイクも持っていた。長距離を走って田舎の方にも行ったものだし、万里の長城まで自転車で行ったこともある。

〔音読表記〕

When I **LI**ved in Bei**JI**ng, **CHI**na, my p**RI**mary mode of transpor**TA**tion was **RI**ding my bicycle. There were **A**lso **TA**xis, **BU**ses, and **SU**bways that could be **U**tilized, but the **MO**st **CO**mmon way of **GE**tting around was by **BI**ke. I **O**wned **TWO** bicycles, the **FIR**st being an **I**nexpensive one that had a **BA**sket on the front. I **A**lso strapped a f**RU**it crate on the **BA**ck, **MA**king it con**VE**nient to use when **GO**ing to the market because I could **EA**sily carry my g**RO**ceries home. **SO**me of my **CO**lleagues **TEA**sed me about it **BE**ing a **GIR**l's bicycle because of the **BA**skets, but I **DI**dn't care because it was **VE**ry practical. I **A**lso had a **VE**ry expensive **MO**untain bike that I rode **MO**st of the time when **NO**t shopping. I would go on **LO**ng rides into the **COU**ntryside and **E**ven rode my bike to the G**REA**t Wall of **CHI**na.

Part 2

和泉有香（Joy）による

リスニング
トレーニング
実践編

実践編のはじめに

　ここからは英語リスニング試行テストに出題された問題をピックアップして、「基礎編」で身につけた力を実際に使うための練習をします（一部、オリジナル問題を含みます）。簡単だからと言って気を抜かずに、難しいからと言って恐れずに取り組みましょう。いわゆる「リスニング力」だけでなく、もちろん「英語力」、そして「情報処理能力」や「推測力」も駆使して正解を積み重ねられられる実力を練っていきます。

　さて、テストの最初の部分を「音声は2回流されるし、単純で簡単！」と思い込んではいけません。自覚症状もなく間違っている受験者が思いのほか多くいます（なんと、正解率が10％台の問題もあります）。取りこぼしなく正解するためには**「言外の意味を読み取る」**ことも心がけながら問題に取り組みましょう。
　音声が2回流される部分の問題練習では、敢えて音声を3回ずつ聞くことによってリスニング力の土台を作り上げることを意識しましょう。

聞こえてくる英文の内容に
最も近い意味の英文を選ぶ問題

それぞれの問いについて、聞こえてくる英文の内容に近い意味のものを、四つの選択肢（①～④）のうちから一つずつ選びなさい。

1. 音声を聞く前に行う作業

Step 1 選択肢にさっと目を通す 〈使用問題：平成 30 年 2〉

① The speaker cannot go to the party.

② The speaker does not have work tomorrow.

③ The speaker has another party to go to.

④ The speaker's birthday is tomorrow.

【日本語訳】
① 話者はそのパーティーに行くことができない。
② 話者は明日、仕事がない。
③ 話者は他に行くべきパーティーがある。
④ 話者の誕生日は明日だ。

Step 2 (A)どんな話題か／(B)何を問われるか

これらの選択肢を読んで「(A) どんな話題か」「(B) 何を問われるか」の 2 つを予測することから、あなたにとってのリスニングテストのすべてが始まります。いきなり音声を聞くのではなく、文字から（イラストのあるものはイラストから）入手可能な情報は全て利用しましょう。さて、選択肢から読み取れることは何でしょう？

(A) パーティー（誕生日パーティーかも）の話題。英文の中で「参加の可否」や「明日の仕事の有無」のようなことに触れられるかもしれない。
(B)「話者（= the speaker）」の予定あるいは事実が尋ねられる。

　いきなり音声を聞き始めるより、ずいぶんと楽なはずです。え？「選択肢を読んでいる時間なんてないよ」って？　この本を読んでいるあなたなら、だいたいの問題形式は頭に入れてから本番に臨むはずですね。それなら、問題指示文にはさっと目を通すだけで大丈夫なはず。さらに選択肢を見ると、主語は The speaker あるいは The speaker's で統一されていますから、選択肢②以降はその後ろの部分を確認するだけで済みます。読むのに時間がかかるほどの語数はありませんね。視野を横に広げる感覚を持ち、問題に取り組むたびに「一度に数語を視界に入れる」「フレーズを一度で認識する」練習をしましょう。

2. 音声を３回聞いて、聞き取れたものをチェックする ⇨ 正解を選ぶ

　ここでは、わかってもわからなくても必ず３回聞いた後、下の作業をしましょう。

CD Track 34

Step 1 聞こえた文章（無理ならフレーズ、それも難しければ単語）を下のスペースに書き出すか、口頭で再生してください。

・Memo

....

....

....

....

....

【音声スクリプト】

I'd love to go to your birthday party tomorrow, but I have a
lot of work to do.

【日本語訳】
明日は君の誕生日パーティーに行きたいけれど、仕事がたくさんあるんだ。

Step 3 正解を選ぶ

① The speaker cannot go to the party.
② The speaker does not have work tomorrow.
③ The speaker has another party to go to.
④ The speaker's birthday is tomorrow.

　正解は①ですね。「え？ 話者は "仕事がたくさんある" は言ってたけど、
"行けない" とは発言してないよ」と思ったアナタ！ この章の初めに【「言
外の意味を読み取る」ことも心がけながら問題に取り組みましょう！】と
書いたのは、まさにこのことです。日本語で「言外の意味を読み取る」こ
とは無意識のうちにできているはず。あなたが「す、好きです！」と告白
した相手から「お友だちでいましょう」と言われたら「あ、残念ながら振
られたんだ……」とわかりますね。英語でも丸っきり同じことです。「パー
ティーに行きたいんだけど、仕事がたくさんあって」と言われたら、それ
は「行けない」とほのめかしてるのだ、と理解してください。
　また、選択肢に登場する英単語はいずれも音声内に登場する可能性があ
り、それらは正解の一部として使われたり、逆に不正解の選択肢内で使わ

れたりします。よって「tomorrowが聞こえたから②が正解」や「birthday
と言っていたから④が正解」ではありません。**耳に残りやすい英単語を不
正解の選択肢内に混ぜ込むことは問題作成者がよく使う手です。**

3. 分析しつつ音読する (5回以上)

　「はい、じゃあ次の問題！」と進んでしまうと、リスニング力養成の貴
重な機会を逃してしまうので、ここで音声を聞きながら（←これが何より
も大切です）音読してみましょう。

　1回聞いて、その後に「聞こえてきたように」「真似しながら」読みま
す。今までの自分の発音と読み方で普通に読んではいけません。どう聞こ
えたかをしっかり分析して、自分も同じように真似して読むことがリスニ
ング力を身につける上で何よりも大切です。おそらく、次のように聞こえ
るかと思います。

I'd **LO**ve to go to your **BIR**thday party to**MO**rrow,
アイッ**l**オッタ　　　　　　　　　ブー**th**デイ パーリ　トゥマー**r**オゥ

but I have a **LO**t of **WO**rk to do.
　バライハ**v**ァ　　　　ウゥーッタドゥ

　他にも「toってずいぶん速くて弱いんだなあ」とか「ofってほとんど聞
こえないな」とか「birthdayのirの部分と、workのorの部分って同じ音
か」とか、気づけば素晴らしい！

4. オーバーラッピングする (5回以上)

　英語音声の上に自分の声をピッタリとかぶせるようにする音読をオーバーラッピングと呼びます。英語音声より先走ったり遅れたりしないよう、同じリズムで音読できるように練習しましょう。

　ではもう1問、上と同じ手順を踏みながら解いてみましょう。

1. 音声を聞く前に行う作業

Step 1　**選択肢にさっと目を通す**　　　　　　　　　　〈使用問題：平成29年 B-4〉

① She is sorry we can't see the view.
② She regrets having missed the view.
③ She should have enjoyed the view.
④ She suggests that we enjoy the view.

【日本語訳】
① 彼女は、私たちがその眺めを見ることができないことを残念がっている。
② 彼女は（自分が）その眺めを見逃してしまったことを悔やんでいる。
③ 彼女はその眺めを楽しむべきだった（のに楽しまなかった）。
④ 彼女は私たちがその眺めを楽しむことを勧めている。

Step 2　**(A)どんな話題か／(B)何を問われるか**

　(A)「眺め（景色）」の話題。「彼女」と「私たち」が登場する。

　(B)「彼女」が眺めを見た（見る）or 見ない（見なかった）のか、「私たち」が眺めを見た（見る）or 見ない（見なかった）のかについて、「彼女の考え」が問われる。

2. 音声を3回聞いて、聞き取れたものをチェックする ⇨ 正解を選ぶ

［音声スクリプト］ **CD Track** 35

Don't miss the colored leaves along the river in the fall.

［日本語訳］
秋には川沿いの紅葉をお見逃しなく。

　正解は④ですね。Don't miss 〜は否定の命令文なので、この部分を聞いた時点で「これは話を聞いている相手に向かって"〜しないで"と言っているのだ」と理解して①と③を正解候補から明確にはずしたいところです。「紅葉を見逃さないで」という言葉の中から「ぜひ紅葉を見てくださいね」という意図を汲み取ることができれば、正解④を選び取ることができますね。

3. 分析しつつ音読する（5回以上）

Don't miss the **CO**lored **LEA**ves a**LO**ng the **RI**ver in the **FA**ll.
ドウンッミsダ　　　　　　カlウーッlイーvザlオーンダ

4. オーバーラッピングする（5回以上）

では本番の形式に則って練習しましょう。No. 1〜5まで、選択肢を見て話題と質問を予測した後で音声を聞いて正解を選んでください。音声は3回まで聞いてOKです。正解を確かめた後で、音声を聞きながら5問まとめて音読とオーバーラッピングをしましょう。

No. 1 〈使用問題：平成30年3〉 **CD Track 36**

① Junko got wet in the rain.

② Junko had an umbrella.

③ Junko ran to school in the rain.

④ Junko stayed at home.

No. 2 〈使用問題：平成29年AB共通-2〉 **CD Track 37**

① She is asking for the menu.

② She is cooking in the kitchen.

③ She is serving some dishes.

④ She is taking their order.

No. 3 〈使用問題：平成29年AB共通-3〉 **CD Track 38**

① He did better on the science exam.

② He got poor scores on both tests.

③ He scored worse on the math exam.

④ He studied enough for the tests.

① The speaker is an English teacher.

② The speaker must study a lot.

③ The speaker needs to study outside of Japan.

④ The speaker teaches English abroad.

① She is going to use the item herself.

② She hasn't ordered anything yet.

③ She wants Ken to deliver the box.

④ She is asking Julia to open the package.

【正解】 ①

【日本語訳】

① ジュンコは雨に濡れた。

② ジュンコは傘を持っていた。

③ ジュンコは雨の中を学校へ走った。

④ ジュンコは家にいた。

【解説】

　選択肢から「ジュンコ」と「雨」の関係が問われそうです。すでに説明したとおり、音声内に登場する英単語（umbrella, ran, schoolなど）は正解の選択肢の一部として使われたり、逆に不正解の選択肢の中に使われたりします。「聞こえた英単語が入っている選択肢が必ずしも正解ではない」ことに注意しながら、ジュンコの行動に気をつけて音声を聞きましょう。「放課後に雨が降り始め、傘を持っていないジュンコは家に走って帰った」と概要が聞き取れたら、「彼女は雨に濡れたのだ」とわかるので、正解①に行き着きますね。

【音声スクリプト】

It sTARted RAIning after school. Since Junko

イッsターティッrエイニン

had no umbRElla, she ran home in the rain.

ハッノウゥンbrエイア

【日本語訳】

放課後に雨が降り始めた。ジュンコは傘を持っていなかったので、彼女は雨の中を走って家に戻った。

No.2 正解と解説

【正解】 ④

【日本語訳】
① 彼女はメニューをくれるよう頼んでいる。
② 彼女はキッチンで料理をしている。
③ 彼女はいくつかの料理を出している。
④ 彼女は彼らの注文を取っている。

【解説】

　選択肢から、女性の行動を聞き取ればよいことがわかります。menu, kitchen, dishes といった単語から、レストラン関連の文章が読み上げられると想像できますね。①はおそらく客としての行動、②、③、④ならレストラン側の人間の行動だと思われます。女性がまずメニューを手渡しています。この時点で①は正解候補から除外できますね。よく聞くと「your menus」と複数形なので、渡す相手は2名以上だとわかります。その後でおすすめ料理を伝え、最初に（＝注文を決める間に）飲み物を持ってくることを申し出ています。よってレストラン側の人間である女性が、これからお客の注文を取ろうとしていることがわかりますね。

【音声スクリプト】

Here are your **ME**nus.
Today's s**PE**cials are **BEE**f and **CHI**cken.
　　　　　sペシュ丨ザー　ビーfアンチkn

Can I get you something to drink first?
ケナイゲッチュー

【日本語訳】
こちらがメニューになります。本日のおすすめ料理はビーフとチキンです。まずは何かお飲み物をお持ちしましょうか？

【正解】 ②

【日本語訳】
① 彼は科学の試験の方が上手くいった。
② 彼は両方のテストでひどい点を取った。
③ 彼は数学の試験で、より悪い点を取った。
④ 彼はテストのために十分に勉強した。

【解説】

　選択肢から、男性が試験でどういう結果を出したか、あるいはどう準備したかを聞き取る必要があることがわかります。試験は科学と数学の2教科であるらしいことも頭に入れておきましょう。音声は前半で「数学の試験がダメだった」、後半で「科学のそれ（＝試験）はさらに悪かった」と理解できれば、迷わず正解②を選ぶことができます。wellの最後の部分（単語の末尾のlは「ル」ではなく「暗いウ」のように聞こえます）とworseの母音の部分が聞き取りにくいですね。「聞こえたように読む」ことを心がけながら、しっかり音読練習しておきましょう。

【おまけ】

　4つの選択肢のうち、「仲間はずれ」があることに気づきますか？　この場合は①、②、③は「テスト結果」であるのに対し、④のみが「テスト準備」なので、④が「仲間はずれ」です。4択において「仲間はずれ」を正解にすると目立ちすぎるため、不正解であることがほとんどです。では残りの選択肢を吟味しましょう。①と③はテストの結果が「科学＞数学」であったという同一事項を示しているので、正解は②であろうと**音声を聞く前に推測することが実は可能**です。もちろん正確に音声を聞くことが何よりも大切ですが、先読みをし、かつ考えておくことで、推測を生かして聞くことができるので、正解にたどり着きやすくなります。

[音声スクリプト]

Tom **DI**dn't do **WE**ll on the **MA**th exam and

ディドゥンッドゥーウェゥ

did even **WOR**se on the **SCI**ence one.

ディディーvn ゥウ〜s

【日本語訳】

トムは数学の試験が上手くいかず、科学のそれではよりひどい結果だった。

No. 4　**正解と解説**

【正解】　②

【日本語訳】

① 話し手は英語の先生だ。

② 話し手はたくさん勉強しなければならない。

③ 話し手は日本国外で勉強する必要がある。

④ 話し手は海外で英語を教えている。

【解説】

　選択肢から、1) 話し手は英語の先生なのか、そうではないのか。(先生なら、正解は①か④)、2) 話し手はどんなふうに、どこで勉強しなければならないのか。……の2点を聞き取る必要があるとわかります。ちなみにもし④が正解であるならば、同時に①も正解となるため、**この2つは不正解であることを、音声を聞く前に見抜いておきましょう。**そこまで予測できれば、2) のみがわかればいいので、「おそらくは先生になろうとしている話し手が日本国外で勉強しなければならないかどうか」だけがわかれば正解を選べることになります。音声の真ん中あたりで「I won't have to study abroad」が聞き取れれば正解に到達でき、終盤の「I will have to study hard」が聞こえれば自信を持って②を正解に選ぶことができますね。

To be**CO**me an English teacher, I **WO**n't have to study

バカマンインッ I イ sh ティーチュ

ab**ROA**d, but I will have to study hard.

バライウィウハ f タ

【日本語訳】

英語の先生になるために私は留学しなければならないとは思いませんが、しかし一生懸命勉強しなければならないでしょう。

No. 5 正解と解説

【正解】 ③

【日本語訳】

① 彼女は自分でその品物を使うつもりだ。

② 彼女はまだ何も注文していない。

③ 彼女はケンに箱を届けてほしいと思っている。

④ 彼女はジュリアに小包を開けるように頼んでいる。

【解説】

　「彼女」と「もの（品物・箱・小包）」の関係を理解するのと同時に、「ケン」と「ジュリア」との関わりにも気をつけて聞きましょう。「小包が届いているようであればそれはジュリア用で、彼女は301号室にいる」と女性がケンに言っています。つまり話者である「彼女」はケンに小包を301号室まで持って行ってもらいたいのだ、と言外の意図を汲み取ることができれば、正解③を選ぶことができます。音声中の package は、選択肢内では item（その package の中にあるもの）、box と言い換えられています。**単語だけ聞き取れても「内容」を理解しないと正解にたどり着かない**わけですね。

Ken, has the **PA**ckage arrived **YE**t? If it **HA**s, it's for **JU**lia.

パキジャrアイvジェット

She's in Room 301.

ケン、もう小包は届きましたか。もし届いたのなら、それはジュリア用です。彼女は301号室にいます。

2

英文の内容に最も近い絵を選ぶ問題

　それぞれの問いについて、聞こえてくる英文の内容に近い絵を、四つの選択肢（①〜④）のうちから一つずつ選びなさい。

〈使用問題：平成30年5〉

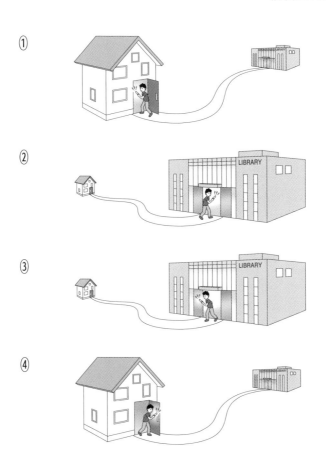

①

②

③

④

この種類の問題も**「事前準備がすべてを決める」**と頭に叩き込んでおいてください。まずは絵を見て状況を表してみます。日本語でもよいので、この作業をサッと行っておくかどうかで正答できる確率が大きく違ってきます。こんな感じでやってみましょう。

1. 音声を聞く前に行う作業

Step 1　絵を見て分析・予測する

　「左側が男の子の自宅かな。右側のビルは図書館だな。男の子が手に持っているのはスマホで、どの絵も電話がかかってきたところのようだ」（4つの絵にいずれも「家」と「図書館」が描かれています。「描いてあるものは聞こえてくる」と思っておいてください）

［予測される選択肢］
① 彼が図書館から家に戻ったとたんに電話がかかってきた。
② 彼が家を出て図書館に着いたとたんに電話がかかってきた。
③ 彼が家に戻ろうと図書館を出たとたんに電話がかかってきた。
④ 彼が図書館に向かおうと家を出たとたんに電話がかかってきた。

　つまり彼が「いつ」「どの状態の時に」電話がかかってきたかがわかれば正解できそうですね。できればもう一歩踏み込んで、部分的にでもよいので「英語ではどう表現するか」を予想しておきましょう。

［使用されそうな語句］
□ 家：house、home
□ 図書館：library
□ ～したとたん、～した時：when ～、as soon as ～、the moment ～
□ 電話がかかってきた：his phone rang、he got a phone call、～ called him

　このあたりまで頭の中でシミュレーションできれば準備万端整ったことになります。

2. 音声を3回聞いて正解を選ぶ

では実際に英文を聞いて、正解を選んでください。英文は3回まで聞いて OK です。

Example 1　　　　　　　　　　　　　　　**CD Track** 41

①

②

③

④

Example 1 正解と解説

【正解】 ①

【音声スクリプト】

He <u>got a</u> **PHO**ne call from Joe <u>as soon as</u> he a**RRI**ved **HO**me
ガラ fオウンカーゥ　　　　　　　　　アッスーナズィーゥrアイッホウm
from the library.

【日本語訳】
彼が図書館から家に戻ったとたんにジョーから電話がかかってきた。

　さて、正解できましたか？　実はこれは正答率16.2％という非常な「難問」でした。音声スクリプトを読めば簡単な英文ですが、実際に聞いてみれば「home? library? どっちから帰ってきたの？」と混乱している間に（さらに Joe というナゾの人物も登場することもあって）正解を選び損ねてしまった人が多いのでしょう。事前準備やシミュレーションの大切さがよくわかる問題ですね。この後、音読とオーバーラッピングを5回ずつ行ってから、次の問題に進みましょう。

では先ほどの問題と同じように、絵を見ながら30秒間で事前準備をしてください。

〈使用問題：平成29年 A-4・B-6〉

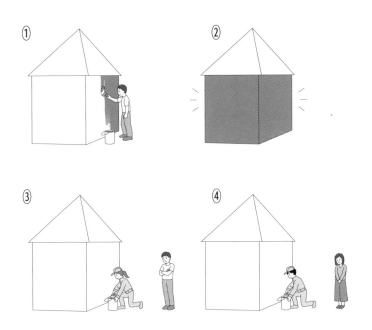

さて、こんなことを頭の中で考えられたでしょうか？

「家（？）にペンキを塗っているところだ、すでに塗ってしまった、女性に塗ってもらう、男性に塗ってもらう、みたいな話かな。①の主語はⅠかな、いや、a boyやheかもしれない。③と④は「男の子は（女の子は）家にペンキを塗ってもらう」みたいな英文になるかもしれない」

【使用されそうな語句】

□ ペンキを塗る：paint

□ 家にペンキを塗ってもらう：have (get) the house painted、have (get) the man paint the house

100

では実際に英文を聞いて、正解を選んでください。英文は3回まで聞いて OK です。

Example 2

CD Track 42

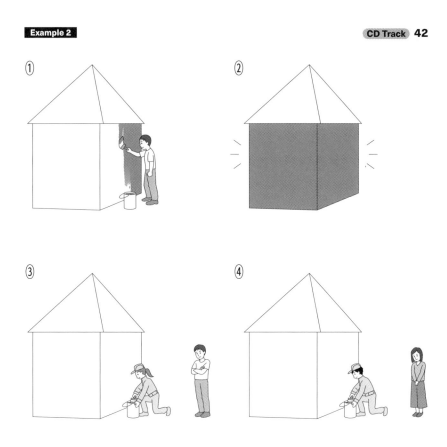

Example 2　正解と解説

【正解】　③

【音声スクリプト】

The man is **GO**ing to have his house **PAI**nted.
イz ゴウインタ ハッヴィzハウs ペインティッ

【日本語訳】
男性は彼の家にペンキを塗ってもらうつもりです。

　さて、正解できましたか？ 聞き取りにそれほど苦労しそうな部分もないので、事前準備さえしっかりして「〜してもらう」という使役の表現が頭に入っていれば正解できそうな問題ですが、正解率は14.5％と低いものでした。**リスニングテストは英語テストの一部**なので、聴解力だけではなく英語力があることが正解への大前提として存在します。「英語力の一部がリスニングテストに役立つ」わけなので、「キーワードが1語か2語ぐらい聞き取れたら正解できるだろう」とは思わない方が利口です。正解した人もそうでない人も気分を変えて、この後、音読とオーバーラッピングを5回ずつ行ってから、次の練習に進みましょう。

練 習

　では本番の形式に則って練習しましょう。No. 1〜5まで、絵を見て事前準備をした後で音声を聞き、正解を選んでください。音声は3回まで聞いてOKです。正解を確かめた後で、音声を聞きながら5問まとめて音読とオーバーラッピングをしましょう。

No. 1　　　　　　　　　　　　　　　　　　〈使用問題：平成29年 A-5・B-7〉　**CD Track** **43**

① 　　②

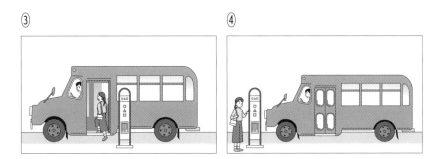

③　　④

①

②

③

④

No. 3

〈使用問題：平成30年7〉　**CD Track** **45**

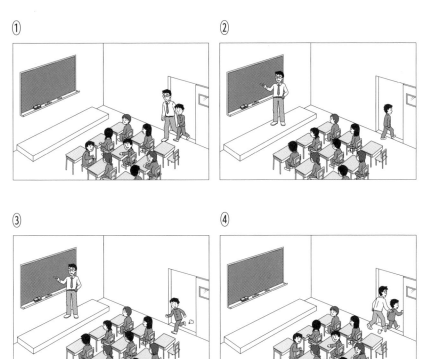

①

②

③

④

①

②

③

④

【正解】　①

【音声スクリプト】

The **WO**man has **JU**st **MI**ssed the **BU**s.

ゥウマン ハz ジュッミsッダ

【日本語訳】

その女性はちょうどバスに乗りそこねたところです。

【解説】

　事前準備段階で「女性とバスの関係」……つまり女性がバスに「乗り遅れた／乗ってしまった／乗り込んでいる／乗ろうとして時刻表を調べている（？）」のいずれかが英文で聞こえそうなので、それぞれ「has missed／is riding, has ridden／is getting on／is checking」あたりまで英語のフレーズを頭の中で浮かべて予測しておきましょう。実際に聞こえる英文は上記の通りシンプルなものでした。必ず正解しておきたい問題です。

【正解】　④

【音声スクリプト】

RIght **NO**w, she's **TOO** busy to go to the **LA**ke and **FI**sh.

rアイッナゥ　　　　　　　　　タゴウタダ lエイカンfイシュ

【日本語訳】

今現在、彼女は忙しすぎて湖に魚釣りに行くことはできません。

【解説】

　事前準備で、女性と魚釣りの関係を述べる英文が聞こえてくると予測しておきましょう。①と②はすでに釣りをしています。①は快適で順調な感じですが、②は問題が発生していますね。③と④は釣りをしていない（けれど、魚釣りに行くことを考えている）状態です。③では女性はのんびり

していますが、④では忙しく働いています。ここまで準備しておけば、正解は「she's too busy」と聞こえた時点で④に確定できますね。

No. 3 正解と解説

【正解】 ③

【音声スクリプト】

When the boy **E**ntered the c**LA**ssroom, the teacher
　　　　　　エントゥーッダ klアsrウーm

had al**REA**dy started the lesson.
　　ヘドーrエディsターティッダ

【日本語訳】
男の子が教室に入った時には、先生はすでに授業を始めてしまっていました。

【解説】
　「教室内の先生と男の子の関係」に気をつけて聞く必要がありそうですね。①と③では先生は男の子と一緒、②と④では先生は授業中です。男の子は①と③では教室に入ってきており、②と④では教室から出て行っています。つまり、先生と男の子の行動の組み合わせが正しいものを選ぶのだな、というところまで予測しておいて音声を聞きましょう。「When the boy entered the classroom」まで聞いた時点で②と④は候補から外れます。後半まで聞くと、正解が③だと確定できますね。

No. 4 正解と解説

【正解】 ④

【音声スクリプト】

Jane knew it **WOU**ldn't be cold today.
　　　　イッゥウンッビ

【日本語訳】

ジェーンは、今日は寒くならないだろうと知っていました。

【解説】

　「女性の服装と天気、そして快・不快」の3つの情報が英文とすべて一致するものを選ぶ必要がありそうですが、聞こえてくる英文を予測するのはなかなか難しそうですね。実際の音声はごく短い文章で、リスニング力よりも英語力そのものが問われる問題になっています。「ジェーンは今日はit wouldn't be cold（寒くはならないだろう）と知っていた」ということは、ジェーンは「今日は暖かい」と知っていたので「それに見合った服装をしている」はずですね。よって正解は④です。wouldn'tの後半部分の聞き取りが難しいかもしれません。「聞こえるように発音する」つもりで、しっかり音読練習をしてください。

No. 5　正解と解説

【正解】　②

【音声スクリプト】

It's **HI**gh **TI**me he **LE**ft for school.

Iエf ッf ァskウーゥ

【日本語訳】

彼はもうとっくに学校に出発していてもいい時間です。

【解説】

　「男の子の行動」に気をつけて聞くことになりそうですが、実際に聞こえてくる音声は行動を描写するものではないので、「聞く→状況理解→選ぶ」とワンクッション置くことになります。It's (high) time S + V（過去形）〜.「もうSは（とっくに）Vしていてもいい時間だ」を知っていることも正解にたどり着くための必須条件となります。「彼はもうとっくに学校に出発していてもいい時間だ（=なのにまだ家を出ていない）」と理解することができると、正解②を選ぶことができますね。

3

対話を聞いて正しい絵を選ぶ問題

Example 1

〈使用問題：平成29年 A-6・B-11〉　**CD Track** **48**

　問いについて、対話の場面が日本語で書かれています。対話とそれについての問いを聞き、その答えとして最も適切なものを、四つの選択肢（①〜④）のうちから一つ選びなさい。

　問　観光中の二人が、高いタワーを見て話をしています。

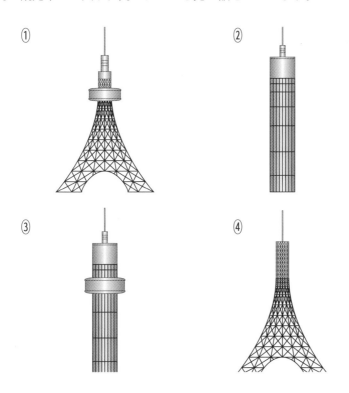

①　②　③　④

聞く音声が「対話」になり、英文を少し長く聞く必要があるので「聞き取れるかなあ？」という不安が大きくなるかもしれませんが「長く聞いて1つの絵を（あるいは絵の中から1箇所を）選ぶ」ということは、**「1文に出てくる情報量は少ない」**ということに他なりません。逆に「この部分のことは英語でどう表現するんだろう？」「この動作はどう英語に直すのかな？」と楽しみに聞いていきましょう。

　やはり事前準備が決め手になります。問題指示文の読み上げが行われている間に、絵を見て準備をしておきましょう。

Step 1 　絵を見て「共通点」、「相違点」を見つけ出す

□ 高いタワーの絵が4つ　　　　　□ 先端部分はいずれも同じ
□ 下の部分が広い①と④　　　　　□ 上から下まで同じ太さの②と③
□ 途中に展望室（？）のようなものがある①と③

　問題文には「高いタワーを見て話をしている」と書かれているので、「どのタワーの話をしているのか」を問われるはずですね。4つの絵のうち「聞き取りながら、会話に合致するものを残していく」ことだけを考えましょう。

　では音声を聞く前にスクリプトを見ながら、正解に結びつく情報がどのように出されるかをチェックしてみましょう。

M: Look at that tower! It has such a pointed top!

あのタワーを見て！　先端がとても尖っているね！

　⇨ どのタワーも先端部分が尖っているので、正解への情報は特になし。

W: And I like the wide base.

そして幅の広いベースの部分がいいね。

⇨ wide base を持っているのは①と④のみ。これで正解候補は2つに絞れました。

M: What's the disk-shaped part near the top?

先端近くにある円盤状の部分は何かな？

⇨ the disk-shaped part が「円盤の形をした部分」であることがわかれば、この時点で正解は①で確定となります。

W: It's probably a restaurant.

それはおそらくレストランね。

⇨ 前文がよく理解できずに①に絞りきれていない場合も「①と④で"おそらくレストランだ"とわかるものが付属しているのは？」と考えれば、やはり①を選ぶことになります。

Question: What does the tower look like?

タワーはどのような外観か。

「円盤状の部分」を聞き逃しても、次に大きなヒントになる「レストラン」が出てきます。このように、**正解へのヒントは2箇所ある問題が多々あります**。あきらめずに最後まで聞きましょう。また、正解候補から外れたものはその都度、番号に×印を付けて「見える化」を図りましょう。

Step 2 **音声を3回聞く**　　　　　　　　　**CD Track** **48**

ではここで実際に音声を3回聞いておきましょう。

聞き取れなかった箇所や、文字から想像していたのとは違った感じの音が聞こえた箇所はありませんか？ そこがあなたの音読するべき箇所です。「音声の真似をして読む」ことを肝に銘じながら5回音読の後、オーバーラッピングも5回してから次に進みましょう。

Example 2

〈使用問題：平成30年8〉　**CD Track** **49**

　問いについて、対話の場面が日本語で書かれています。対話とそれについての問いを聞き、その答えとして最も適切なものを、四つの選択肢（①〜④）のうちから一つ選びなさい。

　問　居間でクリスマスツリーの置き場所について話をしています。

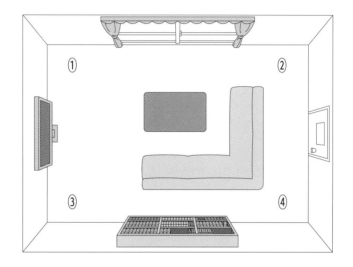

　リスニングに頻出する、場所の聞き取り問題です。頻出する「位置関係の表現」をまとめておきましょう。

【語句】
□ in 〜　　〜の中に
□ on 〜　　〜の上に、〜に接して
□ over 〜　　〜の真上に
□ beneath 〜　　〜の下に、下方に
□ under 〜　　〜の下に
□ across (from) 〜　　〜の向かいに、向こう側に
□ near, by, close to 〜　　〜の近くに

□ behind 〜 〜の後ろに

□ in front of 〜 〜の前に

□ in the back 奥に、後ろに

□ next to 〜 〜の隣に、〜に隣接して

□ between A and B AとBの間に

□ on (at, in) the corner 角に

□ in (at) the center 中央に

□ at the front side 手前側に、正面に

□ on the right (left) 右（左）側に

□ on the upper right corner 右上隅に

□ on the bottom left corner 左下隅に

Step 1 絵を見て「共通点」、「相違点」を見つけ出す

　この問題も、音声を聞く前にまずはスクリプトを見ながら、正解に結びつく情報がどのように出されるかをチェックしてみましょう。問題文には「クリスマスツリーの置き場所について話をしている」と書かれていることから、問われるのはツリーの置き場所だと想像されます。

M: How about there, near the bookshelf?

　　あそこはどう？ 本棚の近く。

　　⇨ ③か④を提案しています。

W: I'd prefer it by the window.

　　窓の近くの方がいいわ。

　　⇨ お約束どおり、話が転換しました。現在のところ、①か②です。

M: OK. Right here, then?

　　わかった。それじゃあちょうどここだね？

　　⇨ ①か②のまま、特に進展なし。

W: No, that's too close to the TV.

いえ、それではテレビに近すぎるわ。

⇨ 男性は前のセリフで①に置こうとしたことがわかりました。女性は反対しています。

I think the **O**ther **COR**ner would be better.

ディ アダコーヌーッビ

反対側の角の方がいいと思うよ。

⇨ ①か②かで「①ではなく反対側の角、もう1つの角」なので、②で確定しましたね。

Question: Where does the woman want to put the Christmas tree?

女性はクリスマスツリーをどこに置きたいか。

　場所や時間などの項目が問われそうな場合、最初に登場する候補が正解になる確率は非常に低いのですぐには飛びつかず、話の流れを追いつつ正解候補を絞っていきます。

Step 2　音声を3回聞く

CD Track **49**

　ではここで実際に音声を3回聞いておきましょう。

　聞き取れなかった箇所や、文字から想像していたのとは違った感じの音が聞こえた箇所はありませんか？ そこがあなたの音読するべき箇所です。「音声の真似をして読む」ことを肝に銘じながら5回音読の後、オーバーラッピングも5回してから次の練習に進みましょう。

練 習

　では本番の形式に則って練習しましょう。No. 1～4まで、絵を見て事前準備をした後で音声を聞き、正解を選んでください。音声は3回まで聞いてOKです。正解を確かめた後で、音声を聞きながら5問まとめて音読とオーバーラッピングをしましょう。

No. 1　　　　　　　　　　　　　　　〈使用問題：平成30年10〉　**CD Track** 50

問　動物園で見てきた動物について話をしています。

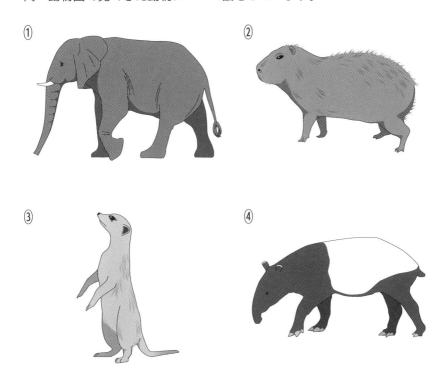

① ② ③ ④

問　男子大学生がアルバイトの面接を受けています。

問　ケガをした患者と医者が話をしています。

①

②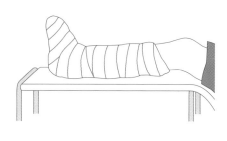

③

④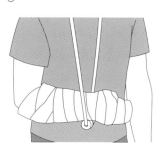

問　来週の天気について話をしています。

①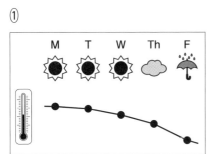

②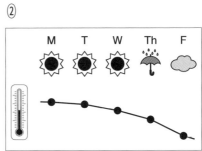

③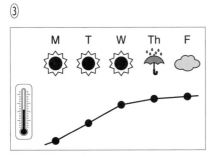

④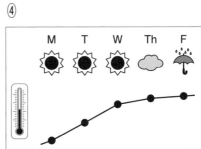

問　買い物客がショッピングモールの案内所で尋ねています。

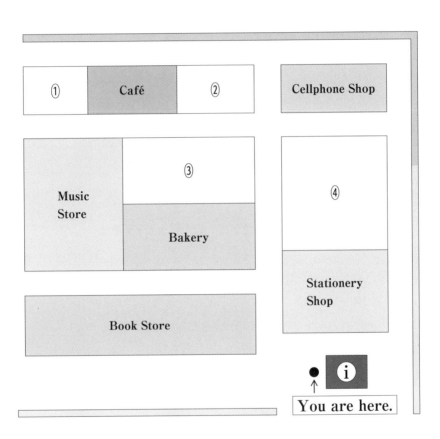

【正解】 ④

【解説／日本語訳／音声スクリプト】

M: What was the name of the animal with the small ears?

耳の小さい動物の名前は何だっけ？

⇨ ①ではない。

W: The one with the long tail?

しっぽの長いやつ？

M: No, the short-tailed one.

いや、しっぽが短い動物だよ。

⇨ しっぽが長い③を除外できる。残りは②と④の状態。

W: Oh yeah, with the long nose.

ああ、鼻の長い動物ね。

⇨ 鼻が長い④が正解です。

Question: Which animal are the speakers talking about?

話し手たちはどの動物について話しているか。

　１つずつ確実に除外していけば、最後の long nose で①に飛びつく大失敗もなく、無事に正解④を選ぶことが可能です。正解候補から除外できる選択肢は、その都度×印を付けることを習慣にしましょう。

【正解】 ②

【解説／日本語訳／音声スクリプト】

W: Next, can you tell me about your work experience?

次にあなたの仕事経験について教えてもらえますか。

M: I've worked as a waiter in a café.

私はカフェでウェイターとして働いたことがあります。

⇨ 「ウェイター」が登場しました。冒頭でいきなり出てくるものは正
解ではないことが圧倒的に多いので、取りあえずチェックだけし
ておきましょう。

W: But you said you wanted to cook?

でもあなたは調理をしたいと言いましたね。

M: Yes, I'd like to try it.

はい、それに挑戦してみたいんです。

⇨ 今度は「調理」が登場しました。問題文に「アルバイトの面接を受
けている」とあるので、「何の面接を受けているか」が問われる可
能性が大ですが、「これまでに経験したことがある職」を問われる
可能性もゼロではありません。「経験した職はウェイター、これか
らしたいのは調理」と頭の中に入れて Question を聞きましょう。

Question: What job does the man want?

男性はどの職を求めているか。

⇨ ここまで聞いて、初めて「これから得たい職」を問われていること
が明らかになりましたね。よって正解は②です。

【正解】 ④

【解説／日本語訳／音声スクリプト】

M: How long do I have to wear this?

どのくらいの間、これを付けていなければならないんですか?

⇨ 4つの絵から考えるに「これ」とはギプスのことを指すようですね。

W: At least six weeks.

少なくとも6週間です。

M: How will I take notes in class, then?

では私は授業中にどうやってノートを取ることになるんでしょう?

⇨ 授業中にノートを取るのに必要なのは「手」ですね。よって正解は
④であることがここで確定します。

W: You'll have to talk to your teacher about that.

それについては先生と話し合わなければならないでしょうね。

Question: Which picture shows the patient's condition?

どの絵が患者の状態を表しているか。

【正解】 ③

【解説／日本語訳／音声スクリプト】

W: Will it be warm next week?

来週は暖かくなるの?

M: It should be cold at first, then get warmer.

最初は寒くて、それから暖かくなるはずだよ。

　⇨ この時点で、候補は③と④に絞られました。寒暖の話は終わった感じなので、次は天気の話になりそうです。木曜日と金曜日の天気をしっかり聞き取りましょう。

W: I heard it'll be sunny, though, right?

でも晴れるって聞いたけど？

M: Yes, except for rain on Thursday and clouds on Friday.

そうだよ。木曜日に雨が降って金曜日に曇る以外はね。

　⇨ 「木曜日は雨・金曜日は曇り」なので、正解は③で確定ですね。

Question: Which is the correct weather forecast?

どれが正しい天気か。

No. 5　正解と解説

［正解］　②

［解説／日本語訳／音声スクリプト］

　登場人物は案内所で何らかの店の場所を尋ねるものと予測できます。事前準備の段階で「Cellphone Shop（携帯ショップ）の周辺に選択肢が固まっているところから、「Cellphone Shopを基準として道案内が行われるかも」というところまで予想できていればグンと取り組みやすくなります。「そこまで考える時間がなかった！」という人も、ある程度（「完全に」でなくても！）聞き取れれば正解にたどり着けたことでしょう。

M: I'm looking for a smartphone case.

スマホケースを探しているのですが。

W: Try the cellphone shop.

携帯ショップを当たってみてください。

M: I did, but I couldn't find any.

そうしたのですが、置いていなかったんです。

⇨ ここまで、正解へのヒントなしです。このまま聞きましょう。

W: You could try the shop across from the cellphone shop,

携帯ショップの向かいの店に行ってみてください。

⇨ 「携帯ショップの向かいの店」の候補は②、③、④の3つですね。

next to the café.

カフェの隣です。

⇨ 第2のヒントが出ました。「携帯ショップの向かい」かつ「カフェの隣」なので、正解は②です。「カフェの隣」だけ聞いて「①か②、どっち?」と思った人は、直前に Cellphone Shop が聞こえていたことを思い出してください。Cellphone Shop と Café を使って説明できそうなのは②だ、と冷静に判断して②を選びましょう。

Question: Where will the customer most likely go next?

客はおそらく次にどこに行くか。

　では、総まとめとして音声を聞きながら5問まとめて音読とオーバーラッピングをしてから次に進みましょう。

4

対話を聞き、問いに答える問題

　ここから先は音声がかなり長くなりますが、質問が問題冊子に書かれているので、事前準備さえしっかり行っていればそれほど困難ではありません。ここまで積み重ねてきたリスニング力をさらに強固なものにするために練習を重ねましょう。まずは文字を見ながら、問題の解き方を身に付けていきます。

Example 1

〈使用問題：平成30年12〉

　問いについて、聞こえてくる英文の内容に近い意味のものを、四つの選択肢（①〜④）のうちから一つ選びなさい。

　問　夫婦が今夜の夕食について話をしています。

What is the couple going to eat for dinner?

① Pasta and salad

② Pasta and soup

③ Pizza and salad

④ Pizza and soup

【日本語訳】
夫妻は夕食に何を食べるつもりか。
① パスタとサラダ
② パスタとスープ
③ ピザとサラダ
④ ピザとスープ

夫妻が夕食に食べるものを問われています。選択肢から、

　　　　　　□ 主食系：パスタ、ピザ
　　　　　　□ 副食系：サラダ、スープ

の4品のうちから主食系と副食系を1品ずつ選ぶことがわかりますね。英文を聞きながら頭の中で「これと……これ！」と整理してもいいのですが、エネルギーをセーブするためにも、正解ではないことが確定した選択肢には鉛筆で×印を付けて削除していきましょう。

　では音声を聞く前に、文字を見ながら答えにつながる情報がどう出されるかチェックしましょう。

W: Would you rather have pizza or pasta for dinner?

　夕食にピザとパスタのどちらを食べたい？

M: Well, I had pizza for lunch…

　う〜ん、お昼ごはんにピザを食べたんだよね……

　　⇨ 言外の意味を読み取れますか？「ピザはお昼に食べたから、夕食には食べたくない」と男性は言っているのだな、と理解してください。

W: OK, then pasta.

　わかった。じゃあパスタね。

　　⇨ この時点で、ピザが含まれている③と④は削除できる可能性が大きくなりました。

We could have soup with that.

　それにスープを付けることができるわ。

⇨ すでに副食系の話に入ったので、主食系の品はパスタで確定のようです。③と④は削除してしまいましょう。さて、②「パスタとスープ」で決まりかと思ったら、まだ話は続きます。

Oh, but the neighbor gave us lots of lettuce and tomatoes from her garden,

ああ、でもお隣さんが庭でできたレタスとトマトをたくさんくださったんだった。

so how about a salad instead of soup?

なのでスープの代わりにサラダはどう？

⇨ レタスとトマトがたくさんあるので副食をサラダに、という話になっています。夫さえ同意すれば①「パスタとサラダ」で決定ですね。

M: Sure! That sounds good!

もちろん！ いい感じだね！

⇨ 夫が喜んで同意したので、正解は①で確定です。

　実際に聞いた時に混乱するのは何と言っても「how about a salad instead of soup?」の部分でしょう。慌てて「え？ サラダ？ スープ？ どっちなの？」となりそうな時のために文脈が存在します。「直前でレタスとトマトをたくさんもらったという話をしていたからサラダだ」、と考えるのが普通でしょう。あるいは「副食系でスープの話が出てきた。最初に出たものは覆るのが普通だから、サラダの方だ」と考えるのもアリです。混乱した時には、わからなかった箇所ばかり考えるのではなく、話の流れを思い出して正解を選びましょう。

Step 2 音声を3回聞く **CD Track** 55

　ではここで実際に音声を3回聞いておきましょう。

　聞き取れなかった箇所や、文字から想像していたのとは違った感じの音が聞こえた箇所はありませんか？ そこがあなたの音読するべき箇所です。「音声の真似をして読む」ことを肝に銘じながら5回音読の後、オーバーラッピングも5回してから次に進みましょう。

Example 2

〈使用問題：平成29年 A-11・B-19〉

　問いについて、聞こえてくる英文の内容に近い意味のものを、四つの選択肢（①〜④）のうちから一つ選びなさい。

　問　語学学校に留学中の女子学生が、アドバイザーと話をしています。

What happened to the student?

① Her question wasn't answered.

② Her request wasn't accepted.

③ She was told not to give advice.

④ She was unable to make a suggestion.

【日本語訳】
学生に何が起こったか。
① 彼女は質問の答えをもらえなかった。
② 彼女の要望は受け入れられなかった。
③ 彼女はアドバイスをしないように言われた。
④ 彼女は提案をすることができなかった。

130

　問われているのは「女子学生に何が起こったか」です。選択肢には女性（＝学生）にとってあまり愉快ではないできごとが並んでいますね。彼女の①質問②要望③アドバイス④提案のうち、何に対して問題が起こるのでしょう。女性が何を言い、アドバイザーがどう反応するかに注意して聞き取りましょう。

　では音声を聞く前に、文字を見ながら答えにつながる情報がどう出されるかをチェックしましょう。

W: I'd like to move to an easier class. Would that be possible?

もっと簡単なクラスに移りたいのですが。それは可能でしょうか？

⇨ 女性はクラス変更の「要望」をし、その可能性について「質問」していますね。

M: You have to get permission from your teacher. Who is your teacher?

先生から許可をもらわなければなりません。あなたの先生はどなたですか？

W: Ms. Allen. She said I should stay in her class for the rest of the year.

アレン先生です。年度の残りを彼女のクラスにいるべきだと彼女に言われました。

⇨ 女性はすでに先生から「クラスはこのままで」と言われているという新しい事実が明らかになりました。

M: Then, that's what you'll have to do.

それなら、あなたはそうしなければならないでしょう。

⇨ アドバイザーの結論は、直前の女性の言葉を聞いて「先生の言う
　とおりにするように」ということですね。「簡単なクラスに移りた
　い」という女性の要望は認められなかったので、正解は②です。

　ではここで実際に音声を3回聞いておきましょう。

　聞き取れなかった箇所や、文字から想像していたのとは違った感じの音
が聞こえた箇所はありませんか？ そこがあなたの音読するべき箇所です。
「音声の真似をして読む」ことを肝に銘じながら5回音読の後、オーバー
ラッピングも5回してから次に進みましょう。

練 習

　では本番の形式に則って練習しましょう。No. 1〜5まで、選択肢を読んで事前準備をした後で音声を聞き、正解を選んでください。音声が聞ける回数は試行テストの回によって違いますが、ここでは練習のため全て2回ずつ聞きましょう。正解を確かめた後で、音声を聞きながら5問まとめて音読とオーバーラッピングをしましょう。

No. 1 　　　　　　　　　　　　〈使用問題：平成29年A-9・B-15〉　**CD Track** **57**

問　友達同士が、これから出かけようとしています。

Which bus are the two friends going to catch?

① 11:05

② 11:15

③ 11:20

④ 11:40

No. 2 　　　　　　　　　　　　〈使用問題：平成30年14〉　**CD Track** **58**

問　友達同士が服装について話をしています。

How does the man feel about the shirt?

① He likes it very much.

② He wants to buy it.

③ It doesn't look nice on him.

④ It isn't worth the price.

問　雨天の日に、高校生の男女が部活動について話をしています。

What can you guess from the conversation?
① The boy and the girl agree not to go to the gym.
② The boy and the girl like working out.
③ The boy does not want to exercise today.
④ The boy has been gone since yesterday.

問　テレビで野球の試合（The Crabs 対 The Porters）を見ているお母さんに、息子が話しかけています。

What is happening in the game?
① The Crabs are behind.
② The Crabs are leading.
③ The game is being delayed.
④ The game is just beginning.

問　友達同士が今観た映画について話をしています。

What do the two people agree about?
① The movie follows the book.
② The movie has a great cast.
③ The movie is based on a true story.
④ The movie is better than the book.

【正解】 ④

【日本語訳】

2人の友達はどのバスに乗るつもりか。

① 11時5分

② 11時15分

③ 11時20分

④ 11時40分

【音声スクリプト】

M: What time do we have to leave?

僕たちは何時に出発しなければならないのかな。

W: Let me check the schedule…. What time is it now?

スケジュールをチェックするね……今、何時？

M: It's 11:15.

11時15分だよ。

W: The next bus is in five minutes, and then there's one at 11:40.

次のバスは5分後で、そしてその後は11時40分のものがあるね。

M: I don't think we can make it for the next one. Let's take the one after that.

次のバスに間に合うとは思えないね。その後のバスに乗ろうよ。

【解説】

　選択肢に時刻が並んでいるときには、少なくとも半分は実際に音声として聞こえてくるものと思って、準備段階でそれぞれを音声化しておきましょう。会話は「現在は11時15分」（②を消去）→「次のバスは5分後」（＝11時20分 ＝ ③）→「その次は11時40分」（＝ ④）→「次のバスは無理」（③を消去）→「その次のバスにしよう」と進んでいくので、正解は④

です。カギになる表現は make it for 〜（〜に間に合う）、one（もの——
重複を避けるために使われる。この場合はバスを指す）の2つですね。「11
時20分か11時40分が正解」とまでわかった人が多いと思いますが、女性
の最後のセリフを聞いて「11時40分」と絞り込むことは実際には非常に
難しいと思います。特に聞こえにくかった部分あるいは文章は、音読時に
しっかり練習できるよう、今の段階で下線を引いておきましょう。

【正解】 ①

【日本語訳】
男性はそのシャツについてどんなふうに感じているか。
① 彼はそれをとても気に入っている。
② 彼はそれを買いたい。
③ それは彼に似合わない。
④ それは値段に見合う価値がない。

【音声スクリプト】

W: Hi, Jason. You look great in that shirt.

こんにちは、ジェイソン。あなたのそのシャツ、似合うね。

M: Thanks, Mary. I ordered it online. Actually, it didn't
look that nice on the website.

ありがとう、メアリー。オンラインで注文したんだよ。実はウェブサイトではそん
なに良くは見えなかったんだけどね。

W: Then why did you buy it?

それならなぜ買ったの？

M: Because it was 50% off. But now I think it's really nice.

半額引きだったからね。でも今はとってもいいと思ってるよ。

W: Yeah, it is! You got a good buy.

えぇ、そのとおり！ 掘り出し物を買ったね。

【解説】

　男性の気持ちを問われているので「正解に直結するセリフは男性が言う」と準備段階で予測しておきましょう。①、②はシャツを気に入っている系で、②はまだ買っていない状況ですね。③、④はシャツにあまり価値がないと思っている系で、③はすでに買って着てみた感想ですね。①と④はすでに買ったのか、それともまだ買っていないのか、判断が付けられません。女性の1回目のセリフから、すでに男性がそのシャツを着ていることがわかるので、まずは②を消去できます。正解を決定づける発言は、男性の2回目のセリフ内「But now I think it's really nice.」ですね。この部分をキチンと聞くことができれば、正解①を選ぶことができます。特に聞こえにくかった部分あるいは文章は、音読時にしっかり練習できるよう、今の段階で下線を引いておきましょう。

No. 3　正解と解説

【正解】　③

【日本語訳】

会話から何を推測できるか。

① 男の子と女の子は体育館に行かないことで合意する。

② 男の子と女の子は運動するのが好きだ。

③ 男の子は今日、運動したくない。

④ 男の子は昨日からずっと出かけていた。

【音声スクリプト】

M: Do we have tennis practice today?

今日は僕たち、テニスの練習があるの？

W: Yes. We have to work out in the gym when it's raining. That's what we did yesterday, remember?

ええ。雨の時は体育館で運動しなくちゃいけないよ。昨日、そうしたでしょ。覚えてる？

M: Yeah. My muscles still hurt from yesterday.

うん。昨日からまだ筋肉が痛いよ。

W: That'll go away. Let's go.

それは治るわ。行きましょう。

M: Actually, I think I'm getting a cold.

実は風邪を引きかけていると思うんだ。

W: No, you're not. You always say that.

いいえ、そうじゃないわ。あなたはいつもそう言うんだから。

【解説】

　　事前準備時点で「①と②は2人の共通事項、③と④は男の子だけの事項」だと頭に入れておきましょう。会話の途中で gym や working out など、選択肢内にある単語がハッキリ聞こえるので①や②に惹かれますが、聞き取るべきなのはあくまでも「話の流れ」であり「内容」です。雨のため屋外でのテニスの練習ではなく、体育館で運動をするはずの2人ですが、男の子は「筋肉が痛い」「風邪を引きかけている」と理由を付けていますね。「体育館に行きたくない」という男の子の言外の意図を読み取ることができれば、正解③にたどり着くことができます。

No. 4　正解と解説

【正解】　②

【日本語訳】

試合では何が起こっているか。

① クラブスが負けている。

② クラブスがリードしている。

③ 試合が遅れている。

④ 試合がちょうど始まろうとしている。

[音声スクリプト]

M: Oh, you're watching the baseball game, Mom.

ああ、野球の試合を見ているんだね、お母さん。

W: Yes. It's exciting.

ええ。手に汗握る感じよ。

M: I didn't know that it had already started. Are the Crabs ahead?

もう始まっていたとは知らなかったよ。クラブスはリードしてる？

W: They are right now, yes, although they were losing in the beginning. They caught up with the Porters and they're leading now.

ええ、今はね。序盤は負けていたけれど。ポーターズに追いついて、今はリードしているよ。

M: I hope they'll win.

彼らが勝てばいいね。

【解説】

　事前準備の段階で「The Crabs の状況（①、②）」と「試合の状況（③、④）」に注意して聞けばよいことがわかります。また対戦相手が The Porters であることもしっかり頭に入れておいてください。男性（息子）の Are the Crabs ahead? は①と②に関わる重要な質問ですね。女性（母親）の答え・They are right now. が、They are ahead.（あるいは leading）の意味だとわかれば、正解②を選ぶことができますね。女性の同じ発話の終盤・they（= the Crabs）'re leading now から②と判断することも可能です。特に聞こえにくかった部分あるいは文章は、音読時にしっかり練習できるよう、今の段階で下線を引いておきましょう。

【正解】 ①

【日本語訳】

2人の人は何について合意しているか。

① その映画は本をたどっている。

② その映画には素晴らしいキャストが出演している。

③ その映画は実話に基づいている。

④ その映画は本よりも良い。

【音声スクリプト】

M: That was a great movie, wasn't it?

素晴らしい映画だったよね？

W: Well, it wasn't as good as I expected.

う～ん、期待していたほど良くはなかったな。

M: Really? It was a lot like the book, though.

本当に？ でも本によく似ていたよね。

W: Yeah, that's true, but I didn't like the cast very much.

ええ、それは確かだけど、キャストがあまり気に入らなかったよ。

M: Oh, you didn't? I think all the actors did a great job.

ああ、気に入らなかったの？ 俳優たちはみんな素晴らしかったと僕は思うけど。

【解説】

　準備段階で、選択肢の中に2回出てくる the book が「映画の原作本」であると読み取れていると、聞くのが楽になりそうです。会話は「映画をほめる男性」と「あまり面白くなかったと言う女性」の間で進められます。感想は当然のごとく食い違いますが、2人の意見が一致したのは男性の2つめのセリフ内の「It was a lot like the book, though.」に対して女性が「Yeah, that's true」と答えている部分ですね。ここから、正解は①であると導きます。特に聞こえにくかった部分あるいは文章は、音読時にしっか

り練習できるよう、今の段階で下線を引いておきましょう。

　ではここで音声を聞きながら5問まとめて音読とオーバーラッピングを
してから次に進みましょう。

5

トークを聞いて図表を完成させる問題

　さてここからは「リスニング力」だけではなく**「情報処理能力」が大きくものを言う**部分に入ります。解き方の説明が流れる間と、与えられた準備時間にしっかり下準備をし、「見える化」する工夫をして考えを整理しつつ聞くのが正解に到達するカギです。「状況」や「条件」などは素早く目を通し、必要であれば下線を引くなどしてしっかりと頭の中に入れましょう。また図表にタイトルがあれば必ず理解しておく必要があります。これから聞こえるトークの話題（トピック）と密接に関係しているはずだからです。

Example 1

〈使用問題：平成30年24〉

　四人の説明を聞き、問いの答えとして最も適切なものを、選択肢のうちから選びなさい。メモを取るのに下の表を使ってもかまいません。

状況
　あなたは大学に入学した後に住むための寮を選んでいます。寮を選ぶにあたり、あなたが考えている条件は以下のとおりです。

条件
A. 同じ寮の人たちと交流できる共用スペースがある。
B. 各部屋にバスルームがある。
C. 個室である。

	A. Common space	B. Private bathroom	C. Individual room
① Adams Hall			
② Kennedy Hall			
③ Nelson Hall			
④ Washington Hall			

問1　先輩四人が自分の住んでいる寮について説明するのを聞き、上の条件に最も合う寮を、四つの選択肢（①〜④）のうちから一つ選びなさい。

① Adams Hall

② Kennedy Hall

③ Nelson Hall

④ Washington Hall

Step 1　**事前準備**

「メモを取るのに下の表を使ってもかまいません」とありますが、「見える化」するために、必ず使うことにしましょう。A.、B.、C.の3条件が表の中には英語に直して入れ込まれています。①〜④の寮について語られるはずなので、それぞれの寮のA.〜C.の条件について○か×を記入しながら聞きましょう。

ちなみに、①〜④の順番通りに説明されるかどうかは問題を解く前にはわかりませんが、もしもあなたが出題者なら、正解はいくつめに置きますか？　受験者の注意を引きつけておくために、おそらく1番目に正解は持ってこないことでしょう。そういうことも頭の片隅に置いて、問題に取り組みましょう。ではまずは文字を見ながら解き方を確認していきます。

① **You'd love Adams Hall.**

あなたはアダムズ・ホールを気に入ると思います。

It's got a big recreation room, and we have parties there every weekend.

大きなリクリエーションルームがあって、毎週末にはそこでパーティーをします。

⇨ リクリエーションルームではパーティーが行われるとのことなので、A.に◯を入れましょう。ちなみに後で音声を聞くとわかりますが、日本人（日系人？）の話す英語です。ナレーターは英語ネイティブばかりではないこともあるのだと覚えておきましょう。

You can also concentrate on your studies because everyone gets their own room.

また各自が個室をもらえるので、自分の勉強に集中することができます。

⇨ C.に◯を入れます。

The bathrooms are shared, though.

しかしバスルームは共同です。

⇨ B.は×だったので、下の①は消去しておきましょう。

② **I recommend Kennedy Hall.**

私はケネディ・ホールをお勧めします。

All the rooms are shared,

部屋は全て共同で

⇨ この時点でC.に×が入るので、下の②も消去しましょう。これ以降は軽く聞き流してエネルギーの温存に努めてください。

and the common area is huge, so we always spend time there playing board games.

そして共同エリアはとても大きいので、私たちはいつもそこでボードゲームをして時間を過ごします。

⇨ A.に○が入りますね。

There's a bathroom in every room, which is another thing I like about my hall.

各部屋にバスルームがあって、そのこともまた私が自分の寮について好きなところです。

⇨ B.にも○が入ります。

③ I live in Nelson Hall.

私はネルソン・ホールに住んでいます。

There are private rooms, but only for the seniors.

個室はありますが、4年生専用です。

⇨ C.に×を入れ、下の③も消しておきましょう。これ以降は軽く聞き流すことになります。

So, you'll be given a shared room with no bathroom.

なので、あなたはバスルームのない共同の部屋を与えられることになります。

⇨ 1つ前の文章で senior（4年制大学の4回生）が理解できなくても、ここで shared room と念押しされていますね。バスルームも共同なので C.にも×が入ります。これで③である可能性は完全に消えたので、この時点で正解④を選ぶことが可能です。正解を確認するつもりで次のトークを聞きましょう。

My favorite place is the common kitchen. We enjoy sharing recipes from different countries with each other.

私のお気に入りの場所は共有キッチンです。私たちは様々な国のレシピをお互いにシェアすることを楽しみます。

⇨ A. に○が入りますね。

④ You should come to Washington Hall.

あなたはワシントン・ホールに来るべきです。

The large living room allows you to spend a great amount of time with your friends.

大きなリビングルームでは友人たちと長い時間を過ごすことができます。

⇨ A. に○が入りますね。

Each room has a bathroom.

各部屋にバスルームがあります。

⇨ B. にも○が入ります。

Some rooms are for individual students, and, if you apply in advance, you will surely get one of those.

一部の部屋は個室で、前もって申し込めば必ずそれらの1つを手に入れることができるでしょう。

⇨ 「前もって申し込めば」という条件付きではありますが、これで C. にも○が入ったので、やはり正解は④でしたね。

Step 2 音声を3回聞く　　　　　　　　　　　　　　**CD Track** 62

ではここで実際に音声を3回聞いておきましょう。

聞き取れなかった箇所や、文字から想像していたのとは違った感じの音

が聞こえた箇所はありませんか？ そこがあなたの音読するべき箇所です。「音声の真似をして読む」ことを肝に銘じながら5回音読の後、オーバーラッピングも5回してから次に進みましょう。

　もう1問、少しややこしい問題もシミュレーションしておきましょう。

Example 2

〈使用問題：平成29年 B-21〉

　こども向けの英語キャンプを開催するにあたり、参加者をチームに分けます。リーダーの説明を聞き、以下の表の四つの空欄A〜Dにあてはめるのに最も適切なものを、四つの選択肢（①〜④）のうちから選びなさい。ただし、選択肢は二回以上使ってもかまいません。

Teams
① Blue
② Green
③ Red
④ Yellow

Family name	Given name	Length of experience in an English-speaking country	Team
ABE	Takahiro	3 years	A
BABA	Maki	4 years	
HONDA	Naoki	None	B
KITANO	Azusa	1 year	
MORI	Saki	None	C
NODA	Sho	3 weeks	
UENO	Rei	6 months	D
WATARI	Takeru	2 years	

　この問題は「同じ選択肢を二回以上使ってもよい」という条件付きです
ね。わざわざ波線まで引いてあるということは、まず間違いなく同じ選択
肢を二回以上使うことになるということです。けっこう複雑な表が付いて
いるので、しっかり目を通しましょう。

　左側の2列は氏名です。名字がアルファベット順に並べてあります。

　左から3列目は「英語を話す国での経験の長さ」です。None（なし）か
ら4 years（4年間）まで様々ですね。そして右端がチーム名。ここに、色
の名前が付いた①〜④が入ることになります。

　この表から考えて、参加者のチーム分けは「名字」と「経験の長さ」の2
つの基準によって決められるはずですね。「どの文字で」「どの長さで」分
けるのかをしっかり聞き取る必要がありますが、氏名はアルファベット順
に並べられているものの経験についてはバラバラに並んでいるので、かな
りしっかり見極める必要がありそうです。

We're going to divide the kids into four groups.

私たちは子どもたちを4つのグループに分けます。

⇨　①〜④の色の名前の付いたグループのことですね。

Here's the name list.

これが氏名リストです。

The names are ordered alphabetically by the kids' family names.

名前は子どもたちの名字のアルファベット順に並べられています。

⇨　表の説明をしていますね。

Those kids whose family names start from A to K will be put into Team Red or Team Blue,

名字がAからKの子どもたちは赤チームか青チームに入れられます。

⇨ 表の「KITANO Azusa」のすぐ下に右端まで線を引き、表の右側の空欄に「R or B」のように書いておくとわかりやすいでしょう。

and those from M to Z will be put into Team Green or Team Yellow.

そしてMからZまでの子どもたちは緑チームか黄チームに入れられます。

⇨ 先ほど引いた線から下の表の右側の空欄に「G or Y」と書き入れておきましょう。

Learners who've lived in an English-speaking country for more than a year should be put into either Team Blue or Team Yellow.

英語を話す国に1年以上住んだことのある学習者は、青チームか黄チームのいずれかに入れられます。

⇨ 経験の長さは「1年」が基準なのですね。該当するABE Takahiroの3 yearsに○を付け、隣に「B or Y」と書き込みます。表の内外の書き込みから、Aは① Blue、Bは③ Red、CとDは共に② Greenだと判断を付けます。

　A〜Dの全てに正しい答えを入れなければ得点にならないこともあって、正答率はなんと3.1％という低さでした。まずは時間が来るまで粘る必要がありますが、たとえ「できた感」が低かったとしてもいつまでも引きずらず、**スパッと気分を切り替えて次の問題に進んでください。**試験問題は「どの問題も正答率70％」のような観点で作られるものではなく、正答率が95％を超えるものがある分、こういう難しい問題も混ぜ込まれま

す。**あなたにとって難しい問題は、他の受験者にとっても難しい問題のは**ずなので、「次の1問」に力を注いでください。

Step 2 音声を3回聞く CD Track **63**

　ではここで実際に音声を3回聞いておきましょう。

　聞き取れなかった箇所や、文字から想像していたのとは違った感じの音が聞こえた箇所はありませんか？ そこがあなたの音読するべき箇所です。「音声の真似をして読む」ことを肝に銘じながら5回音読の後、オーバーラッピングも5回してから次に進みましょう。

練 習

　授業でワークシートが配られました。グラフについて、先生の説明を聞き、以下の図の四つの空欄A〜Dにあてはめるのに最も適切なものを、四つの選択肢（①〜④）のうちから選びなさい。

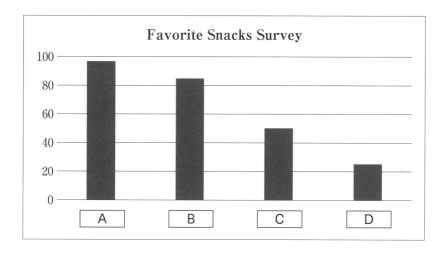

① Chocolate
② Fruit
③ Potato chips
④ Vegetables

No. 2 〈使用問題：平成29年 A-12・B-22〉 CD Track **65**

四人の英語を聞き、問いの答えとして最も適切なものを、四つの選択肢（①～④）のうちから一つ選びなさい。下の表を使ってメモを取ってもかまいません。

状況

日本の観光案内所で外国人観光客を案内する高校生ボランティアスタッフを1名募集しました。その結果、複数の応募があったため、以下のような条件に沿って選ぶことにしました。

条件

・観光案内や通訳をしたことのある人。
・外国人観光客に対応できる英語力（中級から上級）のある人。
・週末の午後1時から5時まで参加できる人。

メモ

Candidates	Experience	English level	Schedule
Akiko KONDO			
Hiroshi MIURA			
Keiko SATO			
Masato TANAKA			

問　四人の応募者の録音された自己紹介を聞き、最も条件に合う人物を選びなさい。

① Akiko KONDO
② Hiroshi MIURA
③ Keiko SATO
④ Masato TANAKA

　あなたは海外インターンシップで旅行代理店の手伝いをしています。ツアーの料金についての説明を聞き、下の表の四つの空欄a〜dにあてはめるのに最も適切なものを、五つの選択肢（①〜⑤）のうちから一つずつ選びなさい。選択肢は2回以上使ってもかまいません。

①　$50　　②　$70　　③　$100　　④　$150　　⑤　$200

Tour		Time (minutes)	Price
Hiking	Course A	30	a
	Course B	80	b
Picnicking	Course C	60	
	Course D	90	c
Mountain Climbing	Course E	120	d
	Course F	300	

【正解】A ②　　B ④　　C ①　　D ③

【音声スクリプト／日本語訳】

One hundred North American university students, 50 men and 50 women, were recently surveyed about what their favorite snacks were.

50名の男性と50名の女性からなる100名の北アメリカの大学生が最近、好きなおやつについて調査を受けました。

There were four types of snacks for students to choose from: chocolate, fruit, potato chips, and vegetables.

学生たちには4種類のおやつの選択肢が提示されました。つまりチョコレート、果物、ポテトチップス、そして野菜です。

The highest rated category was "fruit" with 97 students choosing this category.

最も高く評価されたカテゴリーは「果物」で、97名の学生がこのカテゴリーを選んでいます。

Slightly lower was "vegetables."

わずかに低いのが「野菜」でした。

Surprisingly, the lowest category to be selected was "potato chips" with only 25 students indicating they enjoyed eating this snack.

驚くべきことに最低のカテゴリーとして選ばれたのは「ポテトチップス」で、25名の学生だけがこのおやつを楽しんで食べると述べました。

"Chocolate" was double the number for "potato chips."

「チョコレート」は「ポテトチップス」の2倍の数値でした。

It is encouraging that the university students in this study rated healthy snack choices so highly.

この調査では大学生が健康に良いおやつを非常に高く評価しているという心強い結果が出ました。

【解説】

　まずチェックするべきはグラフのタイトルです。Favorite Snacks Survey「好きなおやつ調査」であることから、①〜④がA〜Dのどこに当てはまるかを聞き取る問題だと予測できます。最初に確定するのがAの②Fruitですね。Aの近くに②Fruitと書き込み、選択肢②を消去して**「見える化」を図りましょう**。ここから先も面倒がらずにキチンと書き込んでいくことが大切です。次にBが④Vegetablesであると確定しました。その次にはCが出てくるかと思っていたらthe lowest category、つまりDが先に登場し、③Potato chipsであることがわかりました。「25名」という数値も念のために確かめておきましょう。これでCは①Chocolateのはずなので、残りの部分は少し気楽に聞くことができます。続いて「チョコレートはポテトチップスの2倍」と述べられます。Cが50名を示していることを確認して、正解を確定させましょう。

No. 2　正解と解説

【正解】　③

【音声スクリプト／日本語訳】

① Hello, this is Akiko speaking.

もしもし、こちらはアキコです。

I, um, I just started studying English hard.

私は、え〜、私は英語を猛勉強し始めたところです。

I want to, uh, improve my speaking skills.

私がしたいのは、えっと、スピーキングの技術を伸ばすことです。

I like, uh, I want to practice with people from foreign countries.

私が好むのは、あ〜、私は外国からやってくる人たちと練習したいです。

This job is perfect for that.

この仕事はそれには最適なんです。

I have a part-time job on Sunday evenings.

私は毎週日曜日の夜にアルバイトをしています。

Thank you!

ありがとうございます。

② Hi, I'm Hiroshi, but my friends call me "Hiro."

こんにちは、私はヒロシです。友人たちは私を「ヒロ」と呼びます。

I lived in Canada for 3 years and I'm pretty fluent in English.

私はカナダに3年間住んでいたので、英語はとても流暢です。

Currently, I work as an interpreter on weekends.

現在、週末は通訳として働いています。

I'd love to help out!

お役に立ちたいと思っています！

Please let me know if you need any other information.

他にも必要な情報があるようでしたらお教えください。

Thanks. Bye!

ありがとうございます。さようなら。

③ Good morning. This is Keiko.

おはようございます。こちらはケイコです。

I was an exchange student in Australia for a year and I'm a volunteer guide for foreign visitors at my school.

私は1年間、オーストラリアへ交換留学に行っていました。そして私の学校で、外国から来られる訪問者のためのボランティアガイドをしています。

I'm available most days, but Wednesday evenings I've got band practice.

ほとんどの日は勤務可能ですが、水曜日の夜にはバンドの練習があります。

Thank you for your time. Bye.

お時間を割いていただきありがとうございます。さようなら。

④ Hi, my name's Masato.

こんにちは。私の名前はマサトです。

My English is good, but it will be my first time doing a volunteer work using English.

私の英語は上手いのですが、英語を使ってボランティアの仕事をするのは初めてになります。

I'm applying because I hope to gain that kind of experience.

その種の経験を積みたいと思っているので応募します。

I'm free on most weekdays except for Thursdays.

毎週木曜日以外の平日はほぼ空いています。

Please consider me for this position! Goodbye.

どうぞ私をこの職の候補としてご検討ください。さようなら。

　「下の表を使ってメモを取ってもかまいません」という指示は「メモを取りなさい」という意味だと捉えてください。聞きながら「観光案内や通訳経験」、「中級以上の英語レベル」、「週末の午後１時から５時のスケジュールが空いているか」の各項目について、○や×を入れながら正解を導き出していきます。実際に聞きながら書き込んでいくと、次のような表が完成するはずです。

Candidates	Experience	English level	Schedule
Akiko KONDO	×	×	○
Hiroshi MIURA	○	○	×
Keiko SATO	○	○	○
Masato TANAKA	×	○	(述べられず)

　何から話すかは人によって違っているので、項目をしっかり聞き取って印を付けていきます。アキコの週末のスケジュールについては、５時まで仕事ができるかどうかはっきりしない部分があるので「△」としても良いかもしれません。正解は３つの項目に文句なく「○」が付く③ Keiko SATO ですね。正答率51％の問題ですが、必ず正解しておきたいところです。

No. 3 正解と解説

【正解】 a ②　　　b ③　　　c ③　　　d ④

[音声スクリプト／日本語訳]

This is the list of outdoor tours that we offer.

こちらは私たちが提供しているアウトドアツアーの一覧表です。

I haven't filled in the price column yet, so could you help me complete it?

まだ価格の列はまだ記入していないので、完成させるのを手伝ってもらえますか？

The prices depend on how long each tour is.

価格はそれぞれのツアーの時間の長さによります。

The price is 70 dollars for tours up to one hour … and 100 dollars for tours over 60 minutes up to 90 minutes.

1時間までのツアーは70ドルです……そして60分を超えて90分までのツアーは100ドルです。

We charge 50 dollars for each additional hour over 90 minutes.

90分を超えるものは、1時間増えるごとに50ドルを請求します。

【解説】

　「選択肢は2回以上使ってもかまいません」という指示付きなので、まず間違いなく同じ選択肢を2回以上使うことになるはずだと思っておきましょう。「価格は時間の長さで決まる」とわかった後で聞き取るべきポイントは「1時間までのツアーは70ドル」（aは②だと確定）、「61分から90分までは100ドル」（bとcがそれぞれ③だと確定）、「それ以上は1時間ごとに50ドル増し」（dが④だと確定）の3つだけです。メモは表の外側にでも「〜60 min. $70」、その下に「〜90 min. $100」、さらにその下に「＋60 min.＋$50」の3行を書いておき、音声が終了してから空欄を埋めて行けば良いでしょう。まだこの段階ではそれほど複雑な問題は出題されません。選択肢が5つありますが、「埋めるべき4箇所で同じ記号を使うことになりそうなので、実際に使うのは3種類以下のはずだ」と踏んで、落ち着いて取り組みましょう。

6

講義を聞いて答える問題

　あなたがアメリカの大学での講義を聞いているという想定の問題です。ワークシートの表の穴埋めや、講義内容について出題されます。聞き取るべき音声も、講義の部分では2分以上と格段に長くなります。状況と問いを読むための時間は約60秒与えられますが、ワークシートの理解と選択肢の先読みにはかなりの時間がかかるので、リスニング力だけでなく英語を読んで理解する力がまずは必要です。

Example

〈使用問題：平成30年25〜33〉

　講義を聞き、それぞれの問いの答えとして最も適切なものを、選択肢のうちから選びなさい。状況と問いを読む時間（約60秒）が与えられた後、音声が流れます。

> 状況
> 　あなたはアメリカの大学で、技術革命と職業の関わりについて、ワークシートにメモを取りながら、講義を聞いています。

ワークシート

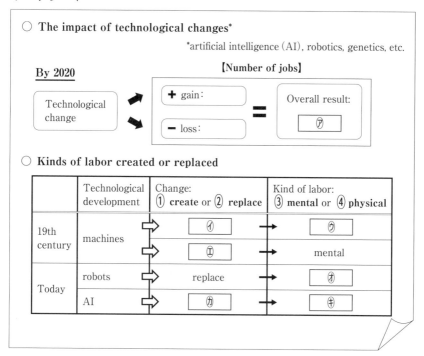

問1 (a) ワークシートの空欄⑦にあてはめるのに最も適切なものを、六つの選択肢 (①~⑥) のうちから一つ選びなさい。

① a gain of 2 million jobs　② a loss of 2 million jobs

③ a gain of 5 million jobs　④ a loss of 5 million jobs

⑤ a gain of 7 million jobs　⑥ a loss of 7 million jobs

問1 (b) ワークシートの表の空欄④~⊕にあてはめるのに最も適切なものを、四つの選択肢 (①~④) のうちから一つずつ選びなさい。選択肢は2回以上使ってもかまいません。

① create　② replace　③ mental　④ physical

問1 (c) 講義の内容と一致するものはどれか。最も適切なものを、四つの選択肢（①〜④）のうちから一つ選びなさい。

① Machines are beginning to replace physical labor with the help of robots.

② Mainly blue-collar workers will be affected by the coming technological changes.

③ Two-thirds of the number of women working at an office will lose their jobs.

④ White-collar workers may lose their present jobs because of AI developments.

問2 講義の続きを聞き、下の図から読み取れる情報と講義全体の内容から、どのようなことが言えるか、最も適切なものを、四つの選択肢（①〜④）のうちから一つ選びなさい。

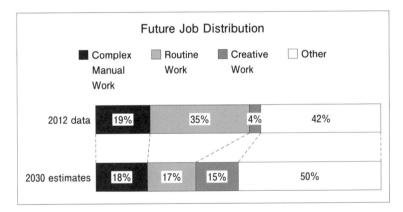

① Complex manual work will be automated thanks to the technological revolution.

② Jobs in the STEM fields will not increase even though they require creative work.

③ Mental work will have the greatest decrease in percentage.

④ Not all physical work will be replaced by robots and AI.

Step 1 **事前準備1**

　60秒を計って「状況」、「ワークシート」内、⑦～⑭の選択肢、問2のグラフと選択肢に「だいたい理解できるところまで」を目標にして目を通してみましょう。

――ここから60秒計時――

　さて、全てにそれなりのところまで目を通すことができたでしょうか？ おそらくほぼ全員にとって難しかったことだと思いますが、実は問題は複雑になればなるほど「聞いて答える」必要がなく「常識的に考えればわかる」設問が発生します。例えば、ハードルが高く上がれば困るけれど、同時に**ハードルの下をくぐり抜けるチャンス**が生まれるようなものです。あきらめずに最後まで執念深く取り組みましょう。大切なのは「聞きながらワークシートを埋めていく」ことに尽きるので、頭と耳と目と手を動かしながら聞きましょう。

　では音声を聞く前に文字だけを見ながら解法を確かめていきます。

What kind of career are you thinking about now?

あなたはどんな職業に就くことを今、考えていますか？

Research predicts developments in artificial intelligence, robotics, genetics, and other technologies will have a major impact on jobs.

研究によると、人工知能やロボット工学、遺伝学、そしてその他の科学技術における発達が仕事に大きな影響を与えるであろうと予測されています。

⇨ この部分の内容がワークシートの The impact of technological changes ですでにまとめ始められています。

By 2020, two million jobs will be gained in the so-called STEM fields, that is, science, technology, engineering, and mathematics.

2020年までには STEM、つまり科学、科学技術、工学そして数学の分野で200万の仕事が得られるでしょう。

⇨ 実際にはここを聞きながら、ワークシートを埋めることになります。
　 + gain: 　　 の箱の中に「200万」と書き入れておきましょう。

At the same time, seven million other jobs will be lost.

同時にその他の700万の仕事が失われることになるでしょう。

⇨ 　 − loss: 　　 の箱の中に「700万」と書き入れます。さらに
　 Overall result: 　 (全体の結果) の箱の中の ⑦ に「200万 − 700万」の結果として「− 500万」と書き込んでおきます。

問1 (a) ア　正解と解説

[正解]　⑦ − ④

[日本語訳]
① 200万の仕事の増加　　② 200万の仕事の減少　　③ 500万の仕事の増加
④ 500万の仕事の減少　　⑤ 700万の仕事の増加　　⑥ 700万の仕事の減少

This kind of thing has happened before.

この種のことは以前にも起きています。

Jobs were lost in the 19th century when mass production started with the Industrial Revolution.

産業革命に伴って大量生産が始まった19世紀に職が失われました。

⇨ 「19th century」というキーワードから、ワークシート下部にある表内の⑦から⑪につながる情報が、そろそろ登場しそうです。

Machines replaced physical labor, but mental labor like sales jobs was generated.

機械が肉体労働に取って代わりましたが、営業の仕事のような精神労働が生み出されました。

⇨ 前半に「機械が肉体労働に取って代わった」とあることから、⑦には②が、⑨には④が入ります。また後半で「営業職のような精神労働が生み出された」と述べられているので、⑪は①createであると確定します。

Today, many people doing physical labor are worried that robots will take over their roles and that they will lose their current jobs.

今日では肉体労働をしている多くの人々は、ロボットが彼らの役割に取って代わり、彼らは現在の仕事を失うのではないかと心配しています。

⇨ ここからはワークシート表内下部の「Today」の部分に話が移りましたね。さらに「robots」というキーワードも登場しました。「ロボットが取って代わるのは肉体労働」であるところから、⑦は④ physical であることが確定します。

This time, the development of AI may even eliminate some jobs requiring mental labor as well.

今回はAIの進化が、精神労働を必要とするいくつかの仕事さえ同様に消し去ってしまうかもしれません。

⇨ 今度は「AI」というキーワードが出てきました。「AIは精神労働職も消し去る（＝取って代わる）」ことから、⑦には② replaceが、⑪には③ mental が入ることが確定します。

　この時点でワークシート内は埋まったので、これ以降の講義は 問1 (c) と関わると思われます。ここで問1 (c) の①～④を訳しておきます。

【問1 (c) 選択肢の日本語訳】
① 機械はロボットの助けを借りて、肉体労働に取って代わり始めつつある。
② 主にブルーカラー労働者は、やって来つつある科学技術の変化によって影響を受けるだろう。
③ 事務所で働く女性の数の2/3は、自分たちの仕事を失うだろう。
④ AIの進化のせいで、ホワイトカラー労働者は現在の職を失うかもしれない。

　①はすでに登場している「機械・肉体労働・ロボット」の関係を述べたものですが間違った記述であることがわかるので、②～④の中から正解を探すことになります。

Actually, we know that robots are already taking away blue-collar factory jobs in the US.

実際、私たちはアメリカ合衆国内ではロボットがブルーカラーの工場仕事をすでに奪いつつあることを知っています。

Moreover, because of AI, skilled white-collar workers, or intellectual workers, are also at "high risk."

さらに、AIのせいでスキルを持ったホワイトカラー労働者、つまり知的労働者もまた「高いリスク」にさらされています。
⇨ この文章を根拠にして、正解は④で確定しますね。

問1 (c) 正解 　④

　これ以降は講義を聞く必要もなくなるので（実際は、この後に続く2つの実例を聞くと問1 (c) の正解が出しやすくなります）問2のグラフと選択肢にもう一度、目を通しておきましょう。和訳を続けます。

For example, bank clerks are losing their jobs because computer programs now enable automatic banking services.

例えば、銀行員は仕事を失いつつあります。なぜならコンピュータープログラムが今や自動的な銀行業務を可能にしているからです。

Even news writers are in danger of losing their jobs as AI advances enough to do routine tasks such as producing simple news reports.

ニュースライターでさえ仕事を失う危機にあります。というのは、AIは単純な報道文を作り出すようなルーティーン業務をこなすのに十分な程度に進化しているからです。

As I mentioned earlier, seven million jobs will be lost by 2020.

先に述べたように、2020年までには700万の仕事が失われるでしょう。

Two-thirds of those losses will be office jobs.

それらの減少の2/3は事務仕事でしょう。

Since most office jobs are done by women, they will be particularly affected by this change.

大半の事務仕事は女性によって行われているため、彼女たちはこの変化によってとりわけ影響を大きく受けるでしょう。

What's more, fewer women are working in the STEM fields, so they will benefit less from the growth in those fields.

さらに、STEM分野で働く女性は少ないので、彼女たちはそれらの分野の成長から恩恵を受けることが少ないでしょう。

さて、ここからは図を見ながら講義の続きを聞いて正しい選択肢を選びます。まずは表から訳しておきます。

【問2 表の日本語訳】

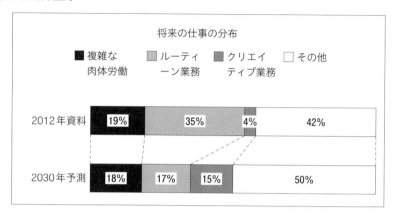

【問2 選択肢の日本語訳】
① 科学技術革命のおかげで、複雑な肉体労働は自動化される。
② STEM分野の仕事は、それらがクリエイティブな作業を必要とされるにも関わらず増加しない。
③ 精神労働は、割合的に最も減少する。
④ 全ての肉体労働がロボットとAIによって取って代わられるわけではない。

問1で聞いた講義の内容と図の内容、そして常識から考えて、講義の続きを聞かなくても正解を出せる人が実はかなりいることでしょう。「おそらくコレだな」という予測を持って講義の続きを聞くことができれば非常にラクですね。

Let's take a look at the graph of future job changes.
将来の仕事の変化のグラフを見てみましょう。

Complex manual workers, like cooks and farmers, are different from routine workers in factories and offices.

例えばコックや農業従事者のような複雑な肉体労働をする人たちは、工場と事務所の
ルーティーン労働者とは違っています。

Creative workers include artists and inventors.

クリエイティブ業務をする人たちには芸術家や発明家が含まれます。

So, what can we learn from all this?

さて、私たちはこの全てから何を知ることができるでしょうか。

　最初の講義で聞いた通り、ルーティーン業務に携わる人の割合は AI の
進化によって半減するだろうと予想されていますが、コックや農業従事者
といったプログラム化できない複雑な肉体労働をする人の割合はあまり変
わらないという予想ですね。ここから正解として④を選びます。

問2　正解　④

Step 2　**音声を3回聞く**　　　　　　　　　　　**CD Track 67, 68**

　さて、ではここで音声を聞くことにしましょう。

　まずは何も見ずに1回聞いた後で、実際に問題を見ながらもう一度聞い
てみましょう。解答根拠が短い時間の間に出てくることが多いので、遅れ
ずについていくことがなかなか難しいかと思います。その後で仕上げに音
読とオーバーラッピングを行っておきましょう。

練 習

〈使用問題：平成29年 A-13〜16・B-23〜26〉 **CD Track** 69, 70

問1から問4までの4問です。それぞれの問いの答えとして最も適切なものを、選択肢のうちから選びなさい。（状況と問いを読む時間（約60秒）→問1〜問3 リスニング→解答→問4 リスニング→解答）

<u>状況</u>
　アメリカの大学で、服と環境の関わりについて、講義を聞いています。

<u>ワークシート</u>

○Today: 80 billion new pieces of clothing

　↑　increased by 400%

20 years ago

○Why? →(　[　1　]　)

○The life of cheaply-produced clothing—avg. 2. 2 years

○The environmental impact:　[　2　]

Methods	Fibers	Impacts	
burning	[A]	[X]	
burying	non-natural	[Y]	→ earth
	[B]	methane during breakdown	
	[C]	[Z]	
		→ underground water	

問1　ワークシートの空欄1を埋めるのに最も適切なものを、四つの選択肢（①〜④）のうちから一つ選びなさい。

① carefully produced and expensive clothes
② cheaply produced and inexpensive clothes
③ poorly produced and short-lasting clothes
④ reasonably produced and long-lasting clothes

問2　ワークシートの表2の空欄A〜C及びX〜Zを埋めるのに最も適切な語句はどれか。Fibersの空欄A〜Cのそれぞれにあてはまるものを二つの選択肢（①と②）のうちから、Impactsの空欄X〜Zのそれぞれにあてはまるものを三つの選択肢（③〜⑤）のうちから選びなさい。①と②は二回以上使われることがあります。

空欄A〜C：
① natural
② non-natural

空欄X〜Z：
③ chemicals used in production
④ many years to break down
⑤ CO_2 in the air

問3　講義で話されていると考えられる主張はどれか、四つの選択肢（①〜④）のうちから一つ選びなさい。

① Cotton clothes are better because they produce less CO_2 and are more easily broken down than polyester clothes.
② It is better to burn textile waste than to bury it underground because harmful chemicals can damage the earth.

③ Many clothes are not recycled or reused, so buying clothing wisely could contribute to protecting the environment.

④ We should avoid buying unnecessary clothing because chemicals are used during the production process.

問4　講義の続きを聞いて以下の図表から読み取れる情報と、先の講義の内容を総合して、どのようなことが示唆されるか、四つの選択肢（①〜④）のうちから一つ選びなさい。

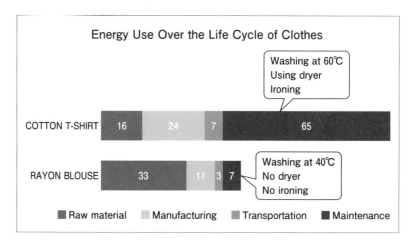

① Cotton T-shirts are better for the earth when they are made out of chemical-free fibers.

② It is important not only to think of what clothes to buy but how to take care of them.

③ Rayon blouses can be recycled and as a result, last longer than cotton T-shirts.

④ We should wear natural-fiber clothing as it is friendly to the environment.

【正解】1 ②　　2 A ②　B ①　C ①　X ⑤　Y ④　Z ③

【問1　選択肢の日本語訳】
① 注意深く作られた高価な衣服
② 安く製造された安価な衣服
③ まずい仕上がりの寿命の短い衣服
④ まずまずの仕上がりの長く着られる衣服

【問2　選択肢の日本語訳】
① 天然
② 非天然
③ 製造時に使われる化学薬品
④ 分解に長期間
⑤ 空気中に二酸化炭素

【音声スクリプト／日本語訳】

Do you like buying new clothes?
あなたは新しい服を買うのが好きですか？

Today, I'm going to talk about clothing and its connection to the environmental crisis we are facing now.
今日は衣服と、私たちが今現在直面している環境危機とのつながりについてお話しします。

Worldwide, we consume about 80 billion items of new clothing each year.
世界的に見ると、私たちは年ごとに約800億着の新しい衣服を消費しています。

That number is 400% higher than what we were consuming two decades ago.
その数字は私たちが20年前に消費していたものの400%増しです。

Do you know why?
皆さんはなぜだかわかりますか？

This increase is closely related to the fact that clothes are cheaply produced and sold at low prices.

この増加は、衣服が安く生産されて安価で売られるという事実と密接に関係しています。

⇨ この文章から、1の正解が②だと確定できます。この問題は、音声なしで選択肢を読むだけで正解に到達できる可能性も大ですね。

How long do you wear your clothes?

あなたはどのくらいの間、服を着ますか？

The life of such cheaply produced clothing is, on average, 2.2 years.

そのように安く生産された衣服の寿命は平均2.2年です。

Some clothing stores are trying hard to reuse or recycle the clothes.

一部の衣料品店は衣服を再利用あるいはリサイクルしようと懸命に努力しています。

But unfortunately, tons of clothes still end up being burned or buried as waste.

しかし残念ながら、それでも何トンもの衣服は結局は廃棄物として燃やされたり埋められたりします。

Burning or burying such a large amount of textile waste adds to our present environmental crisis.

そんなにも大量の繊維ごみを燃やしたり埋めたりすることは、最終的に私たちが現在直面している環境危機へとつながります。

Burning non-natural fibers such as polyester and nylon can produce air pollution including a huge amount of CO_2.

ポリエステルやナイロンのような非天然繊維を燃やすことは、大量の二酸化炭素を生み出すなどの大気汚染を引き起こす可能性があります。

⇨ この文章から、Aが②、Xが⑤であるとわかりますね。表内のキーワード「burning」を主語にして文章が始まっているので、「来た！」と気付きたいところです。

Burying unwanted clothes also causes a lot of pollution.

不要な衣服を埋めることもまた多くの汚染を引き起こします。

⇨ 表内のもう一つのキーワード「burying」が登場しました。この語、残りの空所を埋めるための情報が出てくるはずです。

Do you know how long the buried clothes stay in the ground?

あなたは埋められた衣服がどのぐらいの間、地中にとどまるか知っていますか？

Those non-natural fibers are basically plastics made from oil, which means they could take up to a thousand years to become part of the earth once again.

それらの非天然繊維は基本的に石油から作られた樹脂であり、そのことはそれらが再び土壌の一部となるまでには長ければ1000年かかるかもしれないということを意味します。

⇨ この文章で「非天然繊維が地中で分解されるまで長い年月がかかる」と述べられていることから、Yは④だとわかります。

In contrast, natural fibers like cotton and silk go back to the earth quickly.

対象的に、綿や絹のような天然繊維は素早く土壌に戻ります。

⇨ 表内下部の non-natural に対するものとして、綿と絹が初めて登場しました。BとCには共に①が入ると、この時点で確定できそうですね。

However, they produce greenhouse gases, such as methane, as they break down under the ground.

しかし、それらは地中で分解されるにつれて、メタンのような温室効果ガスを生み出します。

⇨ ここで B は①と確定しました。

In addition, chemicals may have been used to dye or bleach those natural fibers, and the remaining chemicals can eventually reach underground water.

加えて、それらの天然繊維を染めたり漂白したりするために化学物質が使われたかもしれず、残留化学物質が最終的に地下水の中に混じる可能性があります。

⇨ 地下水の中に混じる可能性があるのは「製造過程で使われた化学物質」（Z ③）であり、それらは天然繊維においての話なので、やはり C も①で確定です。

問3　正解と解説

【正解】　③

【日本語訳】
① ポリエステルの衣服よりも生み出す二酸化炭素量が少なく簡単に分解するので、綿の衣服の方が良い。
② 有害な化学物質が土壌に害を与える可能性があるので、繊維廃棄物は地中に埋めるよりも燃やすほうが良い。
③ 多くの衣服はリサイクルも再利用もされないので、衣服を賢く買うことは環境を保護することに貢献するかもしれない。
④ 化学物質が製造過程で使われるため、私たちは不必要な衣服を買うことを避けるべきだ。

【解説】
「一部の衣料品店が衣服の再利用とリサイクルに努力しているものの、多くの衣服は短期間使われた後、燃やされたり埋められたりする」こと、

そして「天然繊維・非天然繊維のどちらも、製造時に使われた化学物質の残留物が地中に溶け出したり、土壌に戻るまでに長い年月がかかったり、燃やす時に二酸化炭素を出したりして環境破壊につながる」ことから、不要な衣服を買わない賢い消費者になることが環境を守ることになるのだと結論づけることができますね。よって正解は③です。

問4　正解と解説

【正解】　②

【日本語訳】
図表：

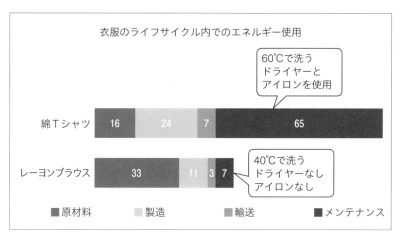

衣服のライフサイクル内でのエネルギー使用

60℃で洗う
ドライヤーと
アイロンを使用

綿Tシャツ　16　24　7　65

40℃で洗う
ドライヤーなし
アイロンなし

レーヨンブラウス　33　11　3　7

■原材料　　■製造　　■輸送　　■メンテナンス

選択肢：
① 綿Tシャツは化学物質を使わない繊維を使って製造されれば地球により優しい。
② どの衣服を買うかを考えるだけではなく、それらをどのようにして手入れするかを考えることが重要だ。
③ レーヨンブラウスはリサイクル可能であり、その結果、綿Tシャツよりも長く使うことができる。
④ 天然繊維の衣服は環境に優しいので、私たちは天然繊維の衣服を着るべきである。

[音声スクリプト／日本語訳]

Now, let's consider how much energy is used in the life cycle of clothing.

では、衣服のライフサイクルの中でどれだけ多くのエネルギーが使われるかを考えてみましょう。

Look at this chart comparing a cotton T-shirt and a rayon blouse.

綿Tシャツとレーヨンブラウスを比較しているこの表を見てください。

Although rayon looks like a non-natural material, it is actually made from wood pulp.

レーヨンは非天然繊維のように見えますが、実際はそれは木材パルプからできています。

Notice the differences between these two types of natural-fiber clothes.

これら2種類の天然繊維の衣服の間の違いに気付いてください。

【解説】

　この講義で述べられる「綿とレーヨンは共に天然繊維である」という事実から考えると、①、④は不正解だとわかります。また「レーヨンブラウスはリサイクル可能（あるいは綿はリサイクル不可能）」とは前半・後半のいずれでも述べられていなかったので不正解です。図表を見ると、綿Tシャツとレーヨンブラウスは消費者の手に渡るまでに使うエネルギー量は同じですが、購入後のメンテナンスに使うエネルギー量が格段に違いますね。そのことを「どのようにして手入れするかを考えることが重要だ」と表している②が正解です。ちなみにこの問題も日系人（日本人？）が読み上げています。

178

7

長い対話を聞いて答える問題

　4～5往復の比較的長い対話を聞いて2問に答えます。問題冊子には「状況」と「問題」そして「選択肢」が書かれています。英文は長いものの、問題が書かれていて聞き取るべきポイントが示されているため、**正解への手がかりが比較的多くあります。**

Example

〈使用問題：平成29年 A-17, 18・B-27, 28〉

　問1・問2の2問です。二人の対話を聞いて、問1・問2の答えとして最も適切なものを、四つの選択肢（①～④）のうちから一つずつ選びなさい。（問いの英文は書かれています。）

状況
　二人の大学生が、日本の高校で行った修学旅行について英語の授業で話しています。

問1　What is the woman's main point?

　① She found it difficult to use English in Australia.

　② She thinks a school trip abroad is worthwhile.

　③ She wanted more chances to travel outside Japan.

　④ She wishes she had gone to Hiroshima instead.

問2　What is the man's main point?

  ① He disliked being asked questions about Japan.

  ② He felt that domestic school trips should be longer.

  ③ He thought he wasn't able to appreciate his school trip.

  ④ He wanted to go to Australia instead of Nara.

Step 1　事前準備　　　　　　　　　　　　　　　**CD Track** 71

　対話では『**登場人物は自分の状況や体験したことに満足していない**』ことが大半です（そう設定しなければ設問が圧倒的に作りにくい、という事情があります）。選択肢を読むと、男女それぞれが行った修学旅行の感想を述べており、そのほとんどが否定的なものになっていますね。「二人とも、自分が体験した修学旅行には満足していないのだろう」と予測しておいて損はないでしょう。

　ではここで音声を本番通り1回だけ聞いて解答してみましょう。

【正解】問1　②　　問2　③

【日本語訳】

問1　女性の要点は何か。

① 彼女はオーストラリアで英語を使うのが難しいとわかった。

② 彼女は海外への修学旅行は価値があると考えている。

③ 彼女は日本から外に旅行する機会がもっと多くほしかった。

④ 彼女は代わりに広島に行ったらよかったと思っている。

問2　男性の要点は何か。

① 彼は日本について尋ねられることが嫌いだ。

② 彼は国内への修学旅行はもっと長くあるべきだと感じた。

③ 彼は自分の修学旅行を称賛できないと思った。

④ 彼は奈良の代わりにオーストラリアに行きたかった。

M: We went to Australia on our school trip.

僕たちは修学旅行でオーストラリアに行ったよ。

W: Nice!

いいね！

We only went to Tokyo.

私たちは東京に行っただけ。

I've never been abroad, and I wish I could have gone when I was a high school student.

私は海外に行ったことがないから、高校生の時に行ければよかったなあと思うよ。

M: Oh, yeah?

あれ、そうなの？

In fact, looking back, I wish I had gone somewhere in Japan—like Hiroshima or Nara because I wasn't ready to go abroad yet.

実は振り返ってみると、僕は日本のどこかに行けばよかったのになあと思うよ——広島や奈良に。というのは、まだ海外に行くには僕はまだ準備が整っていなかったんだ。

W: What do you mean?

それってどういうこと？

You can go to places like that any time.

そういう場所にはいつだって行けるじゃない。

Maybe you wouldn't have had a chance to go abroad otherwise.

そういうことでもなければ海外に行くチャンスなんてなかったかもしれないし。

M: I wish I had known more about Japan back then.

その頃に、もっと日本について知っていたらなあと思うんだよ。

People in Australia asked me a lot of questions about Japan, but it was very hard for me to answer them.

オーストラリアの人々は日本について僕にたくさんの質問をしたんだけど、それらに答えることは僕にはとても難しかったんだ。

Also, I needed more English skills.

僕にはもっと英語のスキルが必要だったというのもあるしね。

W: But, didn't you find that using English in real situations improved your skills?

でもね、リアルな状況で英語を使うことはスキルの上達になったとは思わないの？

I wish I had had that opportunity.

私は自分にそんな機会があったらよかったのになあと思うよ。

M: No, not really.

いやあ、あんまり思わないなあ。

The trip was too short to really take advantage of that.

僕たちの修学旅行は、そういう長所を生かすのには短すぎたんだ。

W: In any case, such an experience should be appreciated.

いずれにせよ、そういう経験は歓迎されるべきだと思うんだけどなあ。

［解説］

　高校の修学旅行でオーストラリアに行った男性と東京に行った女性の対話です。「事前準備」でも書いたように、「二人とも、自分が体験した修学旅行には満足していないのだろう」と予測しておくと、正解にたどり着きやすくなります。東京に行った女性は「海外に修学旅行に行きたかった」

という姿勢に終始しています。そこに気付けば問1は②か③のいずれかだとわかりますね。彼女は「自分が海外に行きたかった」というよりは、「たとえ期間が短くても、リアルな状況で英語を使う経験を積むことができた」という点から海外への修学旅行を評価していることに気付けば、正解②を選ぶことができます。またオーストラリアに行った男性は「修学旅行の行き先は日本国内の方が良かった」という立場に終始しているので、問2は③が正解であると見抜けます。この2問は正解率が共に30％前半という低さですが、**事前の予測がきちんとできていれば正解できる確率が大きく上がるはず**です。本番は心理的時間的プレッシャーが大きいからこそ、練習時にコツを掴めるようにしっかり練習しておきましょう。

Step 2 　**音声をもう1度聞く**　　　　　　　　　　　　　**CD Track** **71**

　もう1度スクリプトを見ずに聞いてみましょう。1回目に聞いた時より全体的に聞きやすくなりましたか？ そして新たに聞き取れた箇所が増えたでしょうか？ ではさらにもう一度、スクリプトを見ながら聞いた後で、音読とオーバーラッピングの練習をしましょう。

練 習

〈使用問題：平成30年34, 35〉

　問1・問2の2問です。二人の対話を聞き、それぞれの問いの答えとして最も適切なものを、四つの選択肢（①～④）のうちから一つずつ選びなさい。（問いの英文は書かれています。）　**CD Track** 72

> 状況
> 　二人の大学生が、ゲーム（video games）について話しています。

問1　What is Fred's main point?

　① Video games do not improve upper body function.

　② Video games do not represent the actual world.

　③ Video games encourage a selfish lifestyle.

　④ Video games help extend our imagination.

問2　What is Yuki's main point?

　① It's necessary to distinguish right from wrong in video games.

　② It's wrong to use smartphones to play video games.

　③ Players can develop cooperative skills through video games.

　④ Players get to act out their animal nature in video games.

【正解】1 ②　　2 ③

【日本語訳】
問1 フレッドの要点は何か。
① ゲームは上半身の機能を改善しない。
② ゲームは現実の世界を描写したものではない。
③ ゲームは利己的なライフスタイルを促進する。
④ ゲームは想像力を伸ばす手助けとなる。

問2 ユキの要点は何か。
① ゲームにおいて善悪を判断することは必要である。
② ゲームをするのにスマホを使うことは間違っている。
③ プレイヤーはゲームを通じて協力するスキルを育むことができる。
④ プレイヤーは動物としての本能を表すようになる。

[音声スクリプト／日本語訳]

Fred: Are you playing those things again on your phone, Yuki?

また電話でそんなことをしているのかい、ユキ？

Yuki: Yeah, what's wrong with playing video games, Fred?

ええ。ゲームをして何が悪いの、フレッド？

Fred: Nothing.

何も悪くないけどね。

I know it's fun; it enhances hand-eye coordination.

それは楽しいって知ってるよ。手と目の協調を良くするし。

I get that.

それはわかってるんだよ。

Yuki: Oh, then, you're saying it's too violent; promotes antisocial behavior—I've heard that before.

ああ、じゃあそれはあまりにも暴力的だってことね。反社会的行動を促進するって —— それなら以前にも聞いたわ。

Fred: And, not only that, those games divide everything into good and evil.

そしてそれだけではなく、そのようなゲームは全てを善と悪に切り分けるよね。

Like humans versus aliens or monsters.

例えば人類対エイリアンとかモンスターとか。

(A) The real world is not so black and white.

現実の世界はそう白黒はっきりしたものもないけれど。

Yuki: Yeah ….

そうね……

We are killing dragons.

私たちはドラゴンをやっつけているところ。

(B) But we learn how to build up teamwork with other players online.

でもオンラインにいる他のプレイヤーたちといかにチームワークを作り上げるかを学んでいるよ。

Fred: (C) Building up teamwork is different in real life.

チームワークを作り上げるというのは現実世界では別のものだよ。

Yuki: Maybe.

かもね。

(D) But still, we can learn a lot about how to work together.

それでもやっぱり、協働の仕方について学ぶことは多いよ。

Fred: Well, I'll join you when you have a game that'll help us finish our homework.

う〜ん、僕は宿題を終える手伝いをしてくれるゲームを君が手に入れたら加わることにするよ。

[解説]

　ゲームにあまり賛成ではない立場のフレッドと、携帯でゲームに夢中なユキとの対話です。それを理解しておくだけで、問1からは④を、問2からは②を正解候補から除外することができますね。問1は下線部 (A) と (C) を根拠として②を、問2は (B) と (D) を根拠として③を正解に選ぶことができます。こうやって見ると、いずれも正解へのカギは2箇所に出されていることがわかります。少し長いリスニング問題になると、このように同じ内容が2回繰り返されることが圧倒的に多くなります。**「どちらか1つだけでも聞き取ることができれば正解できる」**と思うと、少し気がラクになりますね。

8

意見を聞いて答える問題

　何名かが述べる意見を聞いて1問、そしてその後で図表を見て1問に答えます。問題冊子には「状況」、「問題」、「選択肢」そして図表が書かれています。英文はかなり長いものの、問題が書かれていて聞き取るべきポイントが示されており、また**正解へのヒントも複数回聞こえるはず**です。「聞く→答える」と言うより「聞く→まとめる→答える」という手順が要求されます。

Example

〈使用問題：平成30年36, 37〉

　問1・問2の2問です。英語を聞き、それぞれの問いの答えとして最も適切なものを、選択肢のうちから選びなさい。

状況

　Professor Johnsonがゲーム (video games) について講演した後、質疑応答の時間がとられています。司会 (moderator) が聴衆からの質問を受け付けています。Bill と Karen が発言します。

　問1　四人のうち、ゲームに反対の立場で意見を述べている人を、四つの選択肢 (①〜④) のうちから<u>すべて</u>選びなさい。
　　① Bill
　　② Karen
　　③ Moderator
　　④ Professor Johnson

問2　Professor Johnsonの意見を支持する図を、四つの選択肢（①〜④）のうちから一つ選びなさい

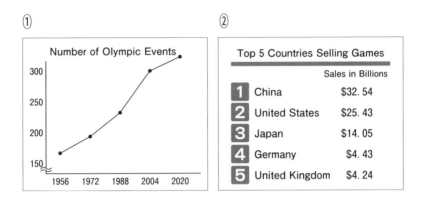

①

Number of Olympic Events

②

Top 5 Countries Selling Games

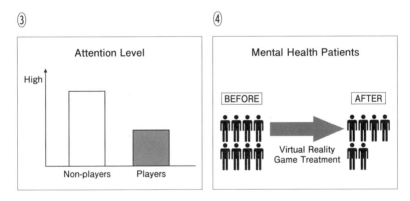

③

Attention Level

④

Mental Health Patients

　「状況」で登場人物と説明内での呼称を確認した後、問1を確認しましょう。「反対の立場の人をすべて選ぶ」ことがタスクですね。次ページの図表は内容そのものよりも、何と言ってもまずはタイトルをチェックします。①オリンピックの種目数、②ゲーム販売トップ5カ国、③注意力レベル、④精神的健康に関する患者の4つですね。①では種目数が増え続けていることを、②では登場する国名をサッと見ておきましょう。③では注意力レベルは Non-players（ゲームをしない人）の方が Players（ゲームをする人）よりも高いことを表しており、④では精神的な問題を持つ人の数がバーチャル・リアリティゲームを使った治療（treatment）後に減っていることが見て取れますね。いずれのトピックも意見内で触れられるものと思われますが、問2で選ぶのは「Professor Johnson の意見を支持する図」であることをしっかり頭に入れ、まずは文字を見ながら解き方を確認していきましょう。

Moderator: Thank you for your presentation, Professor Johnson.

　　　　　講義をありがとうございました、ジョンソン教授。

You spoke about how one boy improved his focus and attention through video games.

　　　　　1人の男の子がいかに彼の集中力と注意力をゲームを通じて改善したかについてお話しいただきました。

　⇨ ジョンソン教授はゲームに賛成していることを匂わせる始まり方をしていますね。

Professor Johnson: Right.

　　　　　その通りです。

Playing video games can make people less distracted.

ゲームをすると人々は注意をそらされにくくなります。

Furthermore, virtual reality games have been known to have positive effects on mental health.

さらに、バーチャル・リアリティゲームは心の健康に良い影響を与えることで知られてきています。

⇨ 「注意をそらされにくくなる」、「心の健康に良い影響を与える」という表現から、ジョンソン教授は「ゲーム賛成派」と結論づけ、問1の④を削除しましょう。

M: OK.

わかりました。

Now it's time to ask our audience for their comments.

では聴衆の皆さんにコメントをお願いする時間です。

Anyone …?

どなたかいらっしゃいますか？

Yes, you, sir.

はい、ではあなたにお願いいたします。

Bill: Hi. I'm Bill.

どうも。僕はビルです。

All my friends love video games.

僕の友人たちはみんなゲームが大好きです。

⇨ ここで慌てないでください。ゲームが大好きなのは、ビルの友人たちです。

But I think they make too clear a distinction between allies and enemies ... you know, us versus them.

しかしそれらは味方と敵の間を明らかに区別しすぎだと僕は思います……えっとつまり、自分たち対やつら、ということです。

I'm afraid gaming can contribute to violent crimes.

残念ながら、ゲームをすることは暴力的な犯罪の一因になる可能性があります。

⇨ ビルはここで、ゲームは「敵と味方をはっきり区別しすぎ」で「暴力的な犯罪の原因となるかも」という意見を述べていますね。彼は明らかに「ゲーム反対派」です。問1の①に○を付けてから聞き続けましょう。

Do you agree?

同意されますか？

P: Actually, research suggests otherwise.

実は調査ではそうではないことを示唆しています。

Many studies have denied the direct link between gaming and violence.

多くの研究では、ゲームをすることと暴力の間の直接的なつながりは否定されています。

⇨ ジョンソン教授は反対派のビルの意見を退けていますね。

B: They have?

そうなんですか？

I'm not convinced.

僕には納得できません。

⇨ ビルは調査結果を知っても、まだゲームに対して懐疑的なまま動きません。

P: Don't make video games responsible for everything.

何もかもゲームのせいにしないでくださいね。

In fact, as I said, doctors are succeeding in treating patients with mental issues using virtual reality games.

実際に私が申し上げたように、医師たちは精神的な問題を抱えた患者たちを、バーチャル・リアリティゲームを使うことで治療に成功しているのです。

⇨ 教授は、ゲームが「精神的な問題を抱えた患者たちを治療することに成功している」という新しい事実を述べています。ここでピンと来ましたか？ 問2の④の表が示していることと一致していますね。問2の④を選んでおきましょう。

M: Anyone else?

他にどなたかいらっしゃいますか？

Yes, please.

はい、どうぞ。

Karen: Hello. Can you hear me? *[tapping the microphone]*

こんにちは。私の声が聞こえますか？［マイクを叩きながら］

OK. Good.

オーケー。大丈夫ね。

I'm Karen from Detroit.

デトロイトから来たカレンです。

So, how about eSports?

それで、Eスポーツはどうなのでしょうか？

⇨ カレンはゲームに関してではなく、Ｅスポーツについての意見を
　 尋ね始めています。

M: What are eSports, Karen?

カレン、Ｅスポーツとは何ですか？

K: They're video game competitions.

ゲームの試合のことです。

My cousin made a bunch of money playing eSports in
Germany.

私の従兄がドイツでＥスポーツをして大儲けしました。

They're often held in large stadiums … with spectators
and judges … and big awards, like a real sport.

それらはしばしば大きな競技場で行われます……観客を入れて審判を用意して……
そして大きな賞金もあります。本物のスポーツのように。

In fact, the Olympics may include eSports as a new
event.

実際、オリンピックが新種目としてＥスポーツを加えるかもしれません。

⇨ カレンの発言はこれで終了です。彼女はＥスポーツについての説
　 明に終始しました。Ｅスポーツとはゲームの試合であるとわかり
　 ましたが、彼女はゲームについての賛否は表さないままでしたね。
　 問1の②には特に印を入れずに放置しておきましょう。

M: … eSports. Professor?

……Ｅスポーツですね。教授、いかがでしょう？

P: Uh-huh. There are even professional leagues, similar
to Major League Baseball.

ああ。プロリーグまでありますよね、メジャーリーグ野球みたいな。

Well, eSports businesses are growing; however, eSports players may suffer from health problems.

まあ、Eスポーツ関連会社は成長しています。しかしEスポーツ選手は健康問題に苦しむかもしれませんね。

M: I see.

わかりました。

That's something to consider.

それは検討しなければならないところですね。

But right now let's hear from *[starts to fade out]* another person.

しかし今はお話を聞きすることにしましょう［フェード・アウトし始める］他の方の。

⇨ 司会者は話を進めるという本来の役目に専念していて、ゲームに関して自身の意見を述べることはありませんでしたね。問1の③には印を入れずに放置しておきましょう。

さて、英文をすべて読んだ結果、問1で○印が付いたのは①Billだけでしたね。② Karen と ③ Moderator はゲームに対する姿勢を明らかにせず、④ Professor Johnson はゲームに賛成の立場でした。

Example 正解 問1 ① 問2 ④

Step 2 音声を聞く CD Track 73

ではここでもう一度、英文スクリプトに目を通してから実際に音声を聞いてみましょう。自分が想像していたものと違ったふうに聞こえる箇所を見つけたら、それはあなたにとって非常な幸運です。実際はそういうふうに聞こえるという事実を頭の中に保存し、同じような音を出せるように何

度か自分で発音してみて記憶に焼き付けてください。その後、全体を3〜
5回程度オーバーラッピングし、総仕上げとして何も見ずにもう一度音声
を聞いてみましょう。

練 習

〈使用問題：平成29年 A19, 20・B-29, 30〉

　30秒程度で準備を済ませ、音声を聞いて解いてみましょう。問1・問2
の2問です。

CD Track 74, 75

状況
　学生たちが授業で、炭水化物（carbohydrates）を積極的に摂取す
ることに対して賛成か反対かを述べています。

問1　四人の意見を聞き、賛成意見を述べている人を四つの選択肢（①〜
　　　④）のうちから<u>すべて</u>選びなさい。正解となる選択肢は一つとは限り
　　　ません。

　　① 学生1
　　② 学生2
　　③ 学生3
　　④ 学生4

問2　さらに別の学生の意見を聞き、その意見の内容と合う図を四つの選
　　　択肢（①～④）のうちから一つ選びなさい。

図1

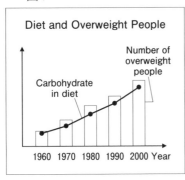

図2

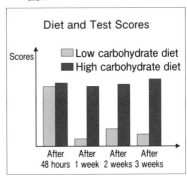

図3

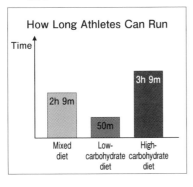

図4

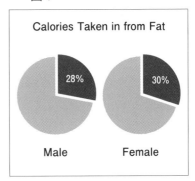

① 図1
② 図2
③ 図3
④ 図4

【正解】問1 ① ④　　問2 ①

〔音声スクリプト／日本語訳〕

Student 1

Test season is in a few weeks, and carbohydrates are the preferred source of energy for mental function.

テスト期間が数週間後に迫っています。炭水化物は精神機能のためには好ましいエネルギー源です。

I think rice, potatoes, pasta and bread are good brain food!

コメ、ジャガイモやパスタ、そしてパンは脳のために良い食品だと思います！

You are what you eat!

あなたはあなたの食べるものでできているのですから！

Student 2

Many people try to reduce the fat in their diet, but instead they should lower the amount of carbohydrates they eat.

多くの人々は食事の中の脂肪を減らそうとしますが、その代わりに彼らは炭水化物を食べる量を減らすべきです。

In one study, people on a high carbohydrate diet had an almost 30% higher risk of dying than people eating a low carbohydrate diet.

ある研究によると、高炭水化物の食事をしている人々は、低炭水化物の食事をしている人々よりも死亡する危険性がほぼ30％高かったのです。

Student 3

The necessary calories for the body can be taken in from protein and fat, which are included in foods such as meat and nuts.

身体に必要なカロリーは、肉やナッツのような食品に含まれるタンパク質と脂肪から摂り入れることができます。

The body requires these for proper functioning.

身体は正しく機能するためにこれらを必要とします。

Protein and fat previously stored in the body can be used as a more reliable source of energy than carbohydrates.

身体に前もって蓄えられているタンパク質と脂肪は、炭水化物よりも信頼できるエネルギー源として使われます。

Student 4

Well, as an athlete, I need to perform well.

まあ運動選手としては、私は良い結果を出す必要があります。

My coach said that long distance runners need carbohydrates to increase stamina and speed up recovery.

長距離走者は、スタミナを増し回復を早めるために炭水化物が必要だと、私のコーチは言いました。

Carbohydrates improve athletic performance.

炭水化物は運動能力を高めます。

Athletes get less tired and compete better for a longer period of time.

運動選手は疲れを感じにくくなり、より長い時間、より良く競うようになります。

[解説]

　日本語での話し方や書き方とは違い、英語では少しまとまって話す（書く）場合には必ず「結論→理由や具体例」と述べていきます。よって、**各話者の主張は１文目にまとめられることが多くなります**。学生１から３まではいずれも１文目で「賛成か反対か」の結論を述べています。学生４だけは２文目に結論が述べられています。炭水化物の積極的摂取に賛成なのは、炭水化物は脳のために良いと述べた学生１と、運動選手が競技成績を上げるために役立つと述べた学生４の２名ですね。よって正解は①、④です。学生２は高炭水化物の食事をしている人の死亡率が高いという理由を挙げ、学生２は必要なカロリーはタンパク質と脂肪から摂ることができるとしていて共に反対の態度を取っていますね。

[問2 日本語訳]

図1

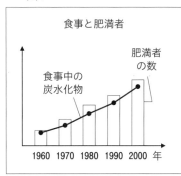

図2

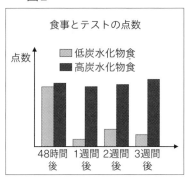

図3

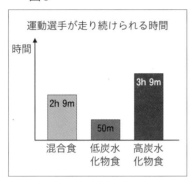

運動選手が走り続けられる時間

時間

混合食　2h 9m
低炭水化物食　50m
高炭水化物食　3h 9m

図4

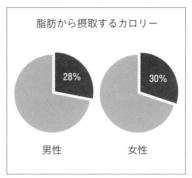

脂肪から摂取するカロリー

男性　28%

女性　30%

[音声スクリプト／日本語訳]

If I eat a carbohydrate diet, I tend to get hungry sooner and then eat snacks.

私が炭水化物を含む食事を食べれば、より早くお腹が空いてその後でおやつを食べることが多くなります。

Also, I read snacks raise the sugar levels in the blood, and the ups and downs of blood sugar lead to eating continuously.

また、おやつを食べると血中の糖分のレベルが上がり、血糖の上下がひっきりなしに食べ続けることにつながるのだと読みました。

This makes you gain excessive weight.

このことはあなたに過度の体重増加をもたらします。

[解説]

　学生4は「炭水化物を食べるとお腹が早く空く→おやつを食べる→血糖が上がる」とした後、「血糖値の上下が食べ続けることにつながる」と述べています。つまり最終的には「炭水化物を食べると、ひっきりなしに食べ続けることになり、よって体重が増える」ということになります。した

がって食事内の炭水化物が増えるにつれて肥満者の割合が増える様子を表している図1が正解です。単純に4つの図表のタイトルだけで判断できないので、一歩踏み込んで考える必要がありますね。

著者紹介

和泉有香 (Joy)

劇団通訳などを経て現在は神戸海星女子学院大学、大阪市内の英語専門学校で TOEIC 対策、英検対策などを教えている。各種英語スピーチコンテストの審査員の経験も豊富。TOEIC®1390 点（L&R 990 点、S&W 400 点）、英検 1 級（優良賞受賞）、全国通訳案内士（英語）。著書、共著に『TOEIC® テスト Part 3 & 4 鬼の変速リスニング』（アルク）、『はじめての英検準 1 級総合対策』（アスク出版）、『英検過去問レビュー』(3 級〜準 1 級)』（河合出版）、『英語 4 技能 スピーキング試験 "完全攻略" ストラテジー』（IBCパブリッシング）などがある。宝塚歌劇と沖縄にときめく。

Twitter：@JoyJPN

横山カズ

同時通訳者（JAL／日本航空）。翻訳家。関西外国語大学外国語学部スペイン語学科卒。

英語講師：リクルート・スタディサプリ ENGLISH、学びエイド、楽天株式会社、日経ビジネススクール等。

三重・海星中／高等学校・英語科特別顧問。武蔵野学院大学・国際コミュニケーション学部元実務家教員。

『英語瞬発スピーキング』(IBCパブリッシング)、『英語に好かれるとっておきの方法 〜4技能を身につける〜』、『世界に通じるマナーとコミュニケーション―つながる心、英語は翼』（岩波ジュニア新書）、『スピーキングのための音読総演習』（桐原書店）、NHKラジオ英会話テキスト連載など、執筆多数。

ICEE 優勝 2 回、英語発音テスト EPT®100（満点）。英検 1 級

Twitter：@KAZ_TheNatural

English Conversation Ability Test

国際英語会話能力検定

● E-CATとは…

英語が話せるようになるための
テストです。インターネット
ベースで、30分であなたの発
話力をチェックします。

www.ecatexam.com

● iTEP®とは…

世界各国の企業、政府機関、アメリカの大学
300校以上が、英語能力判定テストとして採用。
オンラインによる90分のテストで文法、リー
ディング、リスニング、ライティング、スピー
キングの5技能をスコア化。iTEP®は、留学、就
職、海外赴任などに必要な、世界に通用する英
語力を総合的に評価する画期的なテストです。

www.itepexamjapan.com

英語リスニング試験"完全攻略"ストラテジー

2021年2月5日　第1刷発行

著　者　　和泉有香(Joy)／横山カズ

発行者　　浦 晋亮

発行所　　IBC パブリッシング株式会社
　　　　　〒162-0804 東京都新宿区中里町29番3号 菱秀神楽坂ビル9F
　　　　　Tel. 03-3513-4511　Fax. 03-3513-4512
　　　　　www.ibcpub.co.jp

印刷所　　株式会社シナノパブリッシングプレス

ISBN978-4-7946-0650-1